O SEGREDO DA FELICIDADE

EDITORA EME

Solicite nosso catálogo completo, com mais de 500 títulos, onde você encontra as melhores opções do bom livro espírita: literatura infantojuvenil, contos, obras biográficas e de autoajuda, mensagens espirituais, romances palpitantes, estudos doutrinários, obras básicas de Allan Kardec, e mais os esclarecedores cursos e estudos para aplicação no centro espírita - iniciação, mediunidade, reuniões mediúnicas, oratória, desobsessão, fluidos e passes.

E caso não encontre os nossos livros na livraria de sua preferência, solicite o endereço de nosso distribuidor mais próximo de você.

Edição e distribuição

EDITORA EME

Caixa Postal 1820 - CEP 13360-000 - Capivari - SP

Telefones: (19) 3491-7000 | 3491-5449

Vivo (19) 99983-2575 | Claro (19) 99317-2800

vendas@editoraeme.com.br - www.editoraeme.com.br

GEZIEL ANDRADE

O SEGREDO DA FELICIDADE

Capivari-SP
- 2015 -

A Editora EME mantém, ainda, o Centro Espírita "Mensagem de Esperança", colabora na manutenção da Comunidade Psicossomática Nova Consciência (clínica masculina para tratamento da dependência química), e patrocina, junto com outras empresas, a Central de Educação e Atendimento da Criança (Casa da Criança), em Capivari-SP.

1ª edição - Abril/2015 - 4.000 exemplares

CAPA | André Stenico
DIAGRAMAÇÃO | Marco Melo
REVISÃO | EME

Ficha catalográfica

Andrade, Geziel, 1948
O segredo da felicidade / Geziel Andrade - abr. 2015 - Capivari, SP : Editora EME.
224 p.

ISBN 978-85-66805-56-7

1. Espiritismo 2. Ensaio sobre a felicidade 3. Felicidade na visão espírita 4. Atitudes para conquista da felicidade
I. TÍTULO.

CDD 133.9

SUMÁRIO

01

APRESENTAÇÃO

Eu pedi a Deus que me desse a felicidade.
Ele me disse:
Não. Eu dou bênçãos. A felicidade depende de você!
(Autor desconhecido. Fonte: Internet.)

Guarda a certeza de que, para alcançar a felicidade,
se fazes teu dever, Deus faz o resto.
(Emmanuel/ F. C. Xavier.)

TODOS NÓS BUSCAMOS, INCESSANTEMENTE, conquistar uma felicidade duradoura.

Porém, na consecução desse intento, deparamos, geralmente, com inúmeros empecilhos, aborrecimentos e tormentos que, se não estivermos preparados para vencê-los, fazendo bom uso das bênçãos que dispomos e a nossa parte na vida, geram insatisfação, tristeza e mal-estar.

De fato, muitas vezes, a insuficiência em fazermos o que nos cabe, valorizando os recursos que estão à nossa disposição e agindo com sabedoria e amor, nos impede de superar os momentos difíceis que surgem no cotidiano.

Então, sem vencer as dificuldades e provações, não conseguimos sustentar o contentamento pleno, notadamente quando são chocantes os acontecimentos.

É assim que tumultuamos a nossa vida, ao invés de edificarmos o progresso e a própria alegria e felicidade.

Com a revolta ante os constrangimentos ou a falta de esforço e paciência para amenizá-los e vencê-los, agravamos os desafios, complicamos as tribulações, pioramos os dissabores e deixamos passar sem aproveitamento adequado as oportunidades de crescimento material, intelectual e moral.

Assim, não vislumbramos que, mais à frente, essa luta e crescimento aumentariam a nossa maturidade, experiência, satisfação e felicidade.

Fazendo o que nos cabe, no momento certo, enfrentamos os transtornos, desgostos e sofrimentos com otimismo, bom-senso, tranquilidade, atitudes e reações adequadas. Assim, transformamos os dissabores que surgem em instrumentos de progresso, saúde, ventura e satisfação prolongada.

Em função dos fatos ou das realidades, nem sempre agradáveis que vivenciamos no dia a dia, a proposta deste livro é apresentar, à luz do espiritismo, os fundamentos e mecanismos do progresso verdadeiro, que gera a felicidade duradoura.

Para o cumprimento dessa tarefa, difícil para todos, providenciamos a compilação das valiosas lições espíritas que estão reunidas nos capítulos seguintes.

Elas são muito abrangentes, nos dando uma ampla compreensão de Deus e do contexto grandioso em que estamos inseridos na Obra da Criação, permitindo-nos:

- Vislumbrar o verdadeiro objetivo da nossa passagem temporária por esta maravilhosa escola de Deus chamada Terra.
- Obter bom aproveitamento ante as missões e provas da vida, transformando-as em oportunidades para o desenvolvimento das potencialidades da alma e para o crescimento material, intelectual e moral que nos conduz ao sucesso e à felicidade perene.
- Trabalhar com honestidade e dedicação para criar as boas condições de vida que geram o bem-estar que não se extingue quando surgem as vicissitudes.
- Elevar o modo de ser, pensar, sentir, falar e agir, para disseminar o bem, tratar com gentileza os semelhantes para fazê-los felizes e realizar as boas obras que nos permitem colher doces frutos na vida.
- Usar as faculdades de modo nobre, cumprindo os deveres morais perante Deus, os semelhantes e nós mesmos e colocando a lei de causa e efeito em nosso próprio benefício.
- Buscar os conhecimentos, experiências, qualidades elevadas e méritos pelas boas atitudes e ações que garantem a prosperidade real e o equilíbrio permanente no mundo íntimo.
- Ter disposição, otimismo, coragem, disciplina, perseverança e esperança para suportar com mais facilidade as lutas evolutivas.
- Ter a mente voltada para o destino venturoso que Deus estabeleceu para a nossa alma para valorizarmos todo momento as incontáveis bênçãos disponibilizadas por Deus e fazermos a nossa parte, experimentando o avanço, satisfação, alegria e concretizando o sonho dourado da felicidade imperecível.

Vinhedo, 8 de abril de 2015.
Geziel Andrade

A FELICIDADE COM A PRÁTICA DA MORAL CRISTÃ

02

Eu vos dei o exemplo para que assim como eu vos fiz, o façais também. Se compreendeis estas coisas sereis felizes, contanto que as pratiqueis.

(João, Cap. 13:1 - 20.)

As lições e os exemplos de Jesus foram analisados, reafirmados e complementados por Allan Kardec, sob a ótica dos ensinos dados pelos espíritos superiores, através de diferentes médiuns, expandindo o nosso entendimento sobre Deus, a Obra da Criação e as realidades religiosas, morais e espirituais a que estamos submetidos e que precisamos observar.

Os ensinos e os exemplos de Jesus foram aplicados ao nosso dia a dia pelo codificador da doutrina espírita em *O Evangelho segundo o Espiritismo,* levando-nos à observância das Leis de Deus, que se resume na prática do amor, do bem e das boas obras.

Colocando-os em prática, agimos em conformidade com a sabedoria e o amor do mestre. Então, beneficiamos o próximo e melhoramos as próprias condições de vida, preparando um futuro venturoso para a nossa alma no reino dos céus, conforme as promessas do Cristo.

Efetivamente, para a nossa própria felicidade, devemos acatar as lições e os exemplos de Jesus, sobretudo no que tange a observância da lei de amor, justiça e caridade, em toda a sua extensão.

Com isso, atingimos o progresso verdadeiro, que é o moral e espiritual. Ao mesmo tempo, garantimos para nós mesmos, em qualquer momento, a satisfação íntima decorrente do modo elevado e digno de sentir, pensar, falar e agir.

Com a prática da moral cristã, os bons resultados aparecem de imediato, dando-nos a sensação do dever moral cumprido e a satisfação íntima pela paz na consciência do bem realizado.

Essa prática não exige grande esforço, pois consiste simplesmente em ***fazer aos outros o que queremos que os outros nos façam.***

Tendo a disposição e a boa vontade de fazer o bem aos semelhantes, em todas as circunstâncias da vida, conforme Jesus nos ensinou e exemplificou, tornamos felizes as pessoas que nos cercam. Com o bom hábito de dirigir aos outros palavras e atitudes boas e ações fraternas e agradáveis, sentimo-nos satisfeitos e felizes.

Portanto, a prática da moral cristã é simples. Basta apenas a nossa boa vontade de melhorar as condições de vida no lar, no ambiente de trabalho e na sociedade, fazendo aos outros o bem que queremos para nós mesmos.

Então, naturalmente, em retribuição, somos agraciados com o respeito, a estima, o apoio fraterno e a consideração que tanto apreciamos.

Evidentemente, ao colocarmos as nossas atitudes e ações em conformidade com a doutrina moral de Jesus, desencadeamos os eventos que geram prosperidade, saúde, alegria, satisfação e felicidade.

Fazendo o bem aos outros, como gostamos de merecer as

boas atitudes e condutas das pessoas que nos cercam, espalhamos a alegria e a felicidade.

Ao mesmo tempo, usufruímos dos benefícios da satisfação alheia, convertendo-os em fonte de ventura para nós mesmos. É assim que a nossa felicidade decorre do bem-estar alheio.

Por isso, Allan Kardec nos ensinou na Introdução de *O Evangelho segundo o Espiritismo*:

> O ensinamento moral de Jesus é uma regra de conduta que abrange todas as circunstâncias da vida privada ou pública, o princípio de todas as relações sociais fundadas sobre a mais rigorosa justiça.
>
> É, enfim, e acima de tudo, o caminho infalível à felicidade a ser conquistada, uma ponta de véu levantada sobre a vida futura.

Portanto, nosso primeiro passo na caminhada para a conquista do progresso verdadeiro e da tão sonhada felicidade duradoura consiste em mantermos a disciplina e o esforço na aplicação diária das lições e dos exemplos de Jesus.

Para isso, contamos com as orientações, estímulos e apelos convincentes, que nos são ofertados pelo espiritismo, levando-nos à melhoria dos sentimentos, pensamentos e atos.

Assim construímos relacionamentos confiáveis, sólidos e duradouros; espalhamos o bem e a alegria na vida do próximo; tornamo-nos pessoas úteis aos outros com o nosso procedimento sábio e amoroso.

Com a preocupação de fazer o próximo feliz para ser feliz, colhemos em benefício próprio, o aumento da satisfação na alma e do bem-estar.

Essa é a forma adequada de praticarmos o mandamento:

Amar ao próximo, do mesmo modo que amamos a nós mesmos.

Mas, só conseguimos demonstrar amor ao próximo se, antes disso, tivermos amor a Deus, que é o Pai e Criador de todas as coisas, e que age com seus atributos divinos em benefício de Seus filhos, conforme Jesus nos ensinou.

Evidentemente, a prática do amor a Deus deve estar acima de todas as coisas, conforme o mestre nos orientou. Ele consiste em estarmos em permanente contato com o Pai, através da fé e da oração; em demonstrarmos gratidão pelas bênçãos recebidas; e em realizarmos as boas obras que beneficiam o próximo e O glorificam.

É assim que, à semelhança de Jesus, vivemos sintonizados com Deus; demonstrando confiança nos Seus atributos divinos e em Seus desígnios; revelando submissão e humildade às Suas ordens; cumprindo o dever cristão de praticar o bem e distribuir as bênçãos espirituais e materiais que O glorificam; valorizando a acumulação dos tesouros morais e espirituais que nos garantem as bem-aventuranças no reino dos céus; crescendo em virtudes e fortalecendo a alma para edificar a prosperidade, bem-estar, alegria e felicidade.

A partir do amor ao próximo, da mesma forma que amamos a nós mesmos, promovemos a nossa união com Deus.

É o que precisamos para pôr fim ao orgulho e ao egoísmo que nos impedem de manter atitudes altruístas no cotidiano; construir relacionamentos sólidos e confiáveis; praticar a fraternidade, a solidariedade, a justiça, a humildade, a benevolência e o respeito; disseminar o bem que garante, em reciprocidade, de forma espontânea, a colheita de gestos de gentileza, cortesia, consideração e estima que nos tornam prósperos e felizes.

Portanto, seguindo, sem vacilar, os passos do mestre, que

foi exemplo do amor a Deus e aos semelhantes, construímos a felicidade alheia, com as nossas qualidades, atitudes e ações nobres, e, assim, criamos o clima de contentamento que nos leva a partilhar e desfrutar também da felicidade imperecível.

Gerando a paz e a felicidade alheia, concorremos ainda para a melhoria da qualidade de vida na sociedade. Ao cumprirmos os nossos deveres morais, edificamos o progresso e o bem-estar coletivo.

Em conclusão, é a partir da prática da moral cristã que alcançamos o glorioso resultado que foi muito bem retratado nas seguintes palavras de um espírito israelita, contidas no Capítulo 1 de *O Evangelho segundo o Espiritismo*:

> Cristo foi o iniciador da moral mais pura, mais sublime. Da moral evangélica cristã que deve renovar o mundo, reaproximar os homens e torná-los irmãos; que deve fazer jorrar de todos os corações humanos a caridade, e o amor ao próximo, e criar entre todos os homens uma solidariedade comum.
>
> Enfim, de uma moral que deve transformar a Terra, e fazer dela uma morada de espíritos superiores aos que hoje a habitam.

03

A CONSTRUÇÃO DA FELICIDADE PARA A VIDA FUTURA

E depois disse ao povo: Guardai-vos cuidadosamente de qualquer avareza, pois por maior a abundância em que o homem esteja, sua vida não depende só dos bens que possui.

Em seguida, contou-lhes esta parábola: Havia um homem rico cujas terras produziram extraordinariamente. Ele, então, refletia: Que farei, pois não tenho onde guardar toda minha colheita? Eis o que farei: Derrubarei meus celeiros e irei construí-los maiores, e lá colocarei toda a minha colheita, e todos os meus bens. E direi à minha alma: Minha alma, tens muitos bens em reserva para vários anos; repousa, come, bebe, regala-te. Mas Deus lhe diz: Insensato! Nesta mesma noite tua alma será reclamada. Então, de que servirá o que acumulaste?

É o que acontece àquele que acumula tesouros para si mesmo, mas que não é rico diante de Deus.

(Lucas, cap. XII, v. 13 a 21.)

Realmente, vivemos preocupados excessivamente em acumular e desfrutar dos bens materiais, sem percebermos o quanto são transitórios. Achamos que, agindo de forma egoísta e avarenta, conseguimos desfrutar de uma vida confortável e plena de conforto, fartura e felicidade.

Mas, como bem nos ensinou Jesus com essa parábola, o objetivo da alma humana não é apenas reservar para si bens materiais para se regalar.

Segundo seus ensinamentos, a alma precisa ser rica perante Deus, pela conquista e prática das virtudes.

Agindo assim, além de desfrutar de boas condições de vida em sua passagem pela vida corporal, terá acumulado os tesouros que garantem à sua alma as bem-aventuranças na continuidade da sua vida no reino dos céus.

O espiritismo veio reafirmar e complementar essas lições do Cristo. Ensina-nos que somos espíritos encarnados, submetidos à experiência da vida terrena, pelas Leis de Deus, com vistas ao nosso progresso intelectual e moral, a nossa ascensão na hierarquia verdadeira e a conquista de um grau sempre crescente de felicidade.

Não há dúvida que as riquezas materiais obtidas com o trabalho honesto são importantes para as nossas comodidades durante a vida terrena; mas elas devem ser vistas como concessões de Deus, que precisam ser bem administradas e empregadas em benefício de todos.

Assim, quando do retorno da nossa alma à vida verdadeira, levamos em nossa bagagem os tesouros imperecíveis que nos distinguem na vida espiritual. São esses méritos acumulados que abrem na vida futura as condições adequadas de vida e uma felicidade que jamais pode ser alcançada neste planeta de provas e expiações.

Allan Kardec, na questão 231 de *O Livro dos Espíritos*, perguntou aos espíritos superiores se os espíritos são felizes ou infelizes na vida futura.

Em resposta, obteve a revelação que a felicidade da alma

na vida além-túmulo depende dos méritos que ela adquiriu em sua vida terrena e também do grau de desmaterialização que já atingiu.

De fato, a felicidade da alma na vida futura não depende da abundância dos bens materiais, temporários e instáveis que releve. Depende de ter superado as ilusões e condicionamentos das coisas materiais; ter acumulado os valores intelectuais, morais e espirituais, pelos esforços na prática do bem e pela exteriorização de condutas virtuosas e nobres perante os semelhantes.

Assim, retorna ao mundo espiritual com méritos morais e espirituais; obtém a desmaterialização do seu corpo espiritual (perispírito).

Então, colhe naturalmente as boas condições de vida, decorrentes dos tesouros imperecíveis que amealhou para si mesma.

Por isso, a doutrina espírita nos ensina que o nosso trabalho honesto deve ser a fonte das riquezas materiais, mas também da conquista das virtudes que jamais perecem; que devemos agir de modo elevado perante os semelhantes, disseminando sempre o bem; que é indispensável enfrentarmos com nobreza espiritual as tribulações da jornada evolutiva, vencendo as más tendências e paixões, com a fé, oração, vigilância, bom-senso e esforços para evoluir.

Então, nossa alma progride e o nosso corpo espiritual se torna mais sutil. Com a desmaterialização do perispírito, ela consegue alçar voo ao reino dos céus, onde as bem-aventuranças são desfrutadas pelas almas dos justos.

Em inúmeros livros espíritas, encontramos as revelações dos espíritos que retornaram à vida verdadeira. Muitos deles descobriram tardiamente que menosprezaram os ensinos de Jesus acerca da acumulação dos tesouros morais e espirituais que garantem as boas condições de vida na continuidade da vida da alma no reino dos céus. Eles apenas valorizaram a abundância das coisas materiais, a ponto de terem sido insensatos em acreditar que a posse do dinheiro farto lhes garantiria o gozo de uma felicidade imperecível.

Chegaram ao reino dos céus com pobreza espiritual. Não tinham méritos morais perante Deus. Então, conheceram a decepção, o tormento espiritual, o sofrimento moral e o arrependimento por não terem ouvido os ensinos de Jesus, nem acumulado tesouros no céu, *onde a ferrugem e a traça não consomem e onde os ladrões não desenterram nem roubam.*

Além disso, Kardec nos alerta:

> No estado errante, o espírito entrevê o que lhe falta para ser feliz.
>
> É assim que ele busca os meios de o atingir; mas nem sempre lhe é permitido reencarnar à vontade, e isso é uma punição.

Na questão 257 de *O Livro dos Espíritos,* Allan Kardec nos explicou ainda como se processa a eterização ou desmaterialização do perispírito, que serve de instrumento para a justiça de Deus:

> Sabemos que, quanto mais o espírito se purifica, mais eterizada se torna a essência do perispírito, de maneira que a influência material diminui à medida que o espírito progride, ou seja, à medida que o perispírito se torna menos grosseiro.

Dessa forma, para a obtenção da felicidade na vida futura, é indispensável, em meio às tribulações da vida terrena, a acumulação dos valores intelectuais, morais e espirituais, que purificam a alma, promovendo a desmaterialização ou sutilização do seu instrumento de manifestação, ou seja, do seu perispírito.

Então, com a posse dos tesouros imperecíveis, o espírito entra naturalmente em contato com as condições de vida dos espíritos superiores que habitam as esferas elevadas do mundo espiritual, desfrutando da beleza celeste e da felicidade indescritível.

Nessas regiões elevadas da vida espiritual, os espíritos sublimados desfrutam da capacidade fácil de locomoção; da possibilidade de percorrer os lugares sublimes do reino dos céus; do mérito de viver num ambiente belo, percebido graças as suas percepções apuradas; da companhia dos seres nobres, sábios e amorosos; das sensações agradáveis, do bem-estar e da felicidade imperecível.

É assim que a justiça de Deus "dá a cada um segundo as suas próprias obras"; que "somos o artífice de nosso próprio destino feliz ou infeliz na vida futura".

Em função disso, Allan Kardec, de modo sábio e enfático, nos recomendou:

> Que o homem dome as suas paixões animais; que não tenha ódio, nem inveja, nem ciúme, nem orgulho; que não se deixe dominar pelo egoísmo; que purifique sua alma, pelos bons sentimentos; que pratique o bem, que não dê às coisas deste mundo senão a importância que elas merecem; e, então, mesmo sob o seu envoltório corpóreo, já se terá purificado, desprendido da matéria, e quando o deixar, não sofrerá mais a sua influência.
>
> Os sofrimentos físicos por que tiver passado não lhe deixarão nenhuma lembrança penosa; não lhe restará nenhuma impressão desagradável, porque estas não afetaram o espírito, mas apenas o corpo; sentir-se-á feliz por se ter libertado, e a tranquilidade de sua consciência o afastará de todo sofrimento moral.

A FELICIDADE EM FUNÇÃO DA CATEGORIA DO MUNDO QUE HABITAMOS

04

EXISTEM MUITAS MORADAS NA *casa de meu Pai*, nos ensinou Jesus.

E com o espiritismo, aprendemos que essas moradas são os mundos materiais e espirituais que servem de lar e escola, – quando não de hospital, para os espíritos, criados perfectíveis por Deus, e, por isso, estão progredindo e situados ainda em diferentes graus de evolução intelectual e moral.

Mas, à medida que os espíritos se aperfeiçoam, em decorrência dos conhecimentos, habilidades, experiências e virtudes que adquirem em função dos trabalhos que realizam e dos esforços que empreendem nos diferentes campos da vida, conquistam a ascensão na hierarquia espiritual e se aproximam, gradativamente, da perfeição espiritual e da felicidade plena, estabelecidas por Deus.

A encarnação é uma imposição do Criador aos Seus filhos. Os diferentes mundos materiais habitados são estágios que possibilitam essa acumulação de valores, qualidades e méritos, quando eles empregam bem as faculdades e aprimoram as suas capacidades.

Quando os espíritos atingem, num determinado mundo, o grau de evolução que esse mundo comporta, são transferidos, por seus esforços e méritos, para novas habitações materiais mais evoluídas, que estão condizentes com esse novo grau alcançado.

É assim que os espíritos estão incessantemente em mudanças para mundos melhores, que estão em acordo e em relação direta com as suas características intelectuais e morais já conquistadas.

O espiritismo nos ensina ainda que o universo criado por Deus é único e infinito. Mas, em função das propriedades, estados e graus de condensação da matéria, pode ser dividido em universo espiritual e universo material, comportando incontáveis mundos habitados, que atendem os objetivos da obra da Criação.

Esses mundos são classificados em função do grau de adiantamento intelectual e moral dos espíritos que os habitam.

Mas, como os espíritos estão num processo incessante de crescimento intelectual e moral, pelos esforços que empreendem e trabalhos que realizam, as condições de vida nos mundos habitados também se encontram em permanente alteração e em processo de constante aprimoramento. É a lei do progresso que tudo melhora e aperfeiçoa, gradativamente.

Por exemplo, quando um espírito nasce na Terra para cumprir suas missões, provas ou mesmo expiação, é porque o planeta possui as condições necessárias para que ele aqui opere e conquiste maior progresso.

Assim, os trabalhos, estudos, lutas, tribulações, dificuldades e mesmo os sofrimentos que o espírito suporta no mundo de provas e expiação - como é o caso do nosso planeta Terra -, concorrem para que ele aprimore o uso de suas faculdades, realize as boas obras, adquira as qualidades nobres e os méritos que o elevam na hierarquia verdadeira.

Porém, o espírito nunca está sozinho nesse trabalho evolutivo. O Pai eterno o ampara nas lutas evolutivas. Além disso, conta em suas tarefas com a ajuda dos familiares e dos bons espíritos que estão empenhados em orientar, proteger e encaminhar o protegido para o sucesso e a felicidade.

É assim que o espírito vai conquistando gradualmente virtudes e merecimentos; promovendo a própria ascensão na escala evolutiva pelos esforços e trabalhos que realiza; melhorando com as suas atitudes, ações e obras as próprias condições de vida e, ao mesmo tempo, elevando a qualidade de vida no planeta que lhe serve de habitação e escola temporárias.

A lição de Jesus acerca das muitas moradas existentes na casa do Pai é verdadeira. Mas, foi amplamente esclarecida e complementada pelo espiritismo.

Com essa noção do contexto grandioso em que estamos inseridos na obra de Deus, fortalecemos em nós a confiança, coragem e esperança. Assim, nos sentimos estimulados a cumprir com nobreza moral e espiritual a nossa jornada evolutiva; crescer paulatinamente em sabedoria e amor; vencer as missões e provas escolhidas; reparar os possíveis erros cometidos; libertarmo-nos das ilusões materiais, paixões, condicionamentos, vícios e influências nefastas dos espíritos encarnados e desencarnados; aceitar as sugestões mentais dos bons espíritos que nos levam a conquistar as virtudes e praticar o bem para melhorar as próprias condições de vida, bem como as do planeta.

De reencarnação em reencarnação, agora mais conscientes das realidades espirituais e morais, vamos atendendo aos desígnios de Deus; compreendendo o esquema universal em que nos situamos, permitindo-nos deixar para trás, na medida dos esforços e méritos conquistados, um planeta ainda inferior para residir em um mundo melhor e desfrutar de melhores companhias; e nos aproximarmos da perfeição e felicidade maior.

Assim, cabe-nos buscar o progresso intelectual e moral para desfrutarmos sempre de melhores condições de vida, condizentes com as nossas vitórias e em atendimento dos nossos anseios de chegar logo no destino glorioso reservado para nós por Deus.

A Terra, como vimos, é ainda um mundo de provas e expiações. Mas é o melhor que merecemos habitar por ora, com vistas ao porvir.

Porém, cumprindo o dever moral de praticar o bem e aproveitar as oportunidades valiosíssimas de trabalho e aperfeiçoamento que nos foram concedidas por Deus agimos corretamente perante os semelhantes para os fazer felizes, crescemos em recursos pessoais e aprimoramos as próprias condições de vida, bem como as do planeta.

Graças à sabedoria, bondade e misericórdia de Deus, não nos faltam bênçãos materiais e espirituais. Fazendo a nossa parte, as transformamos em atividades valiosas que geram aprendizado, progresso, conquistas, sublimação e méritos. Assim, obtemos a promoção para habitar mundos melhores que a Terra.

Cabe-nos, portanto, manter sempre bom desempenho nas realizações; suportar as lutas do cotidiano com coragem, resignação e paciência; enfrentar os desafios que aprimoram o uso dos nossos recursos íntimos; cumprir as missões, provas e tarefas com bom-senso e responsabilidade; praticar as virtudes e realizar o bem, disseminando a fraternidade, solidariedade e espalhando a felicidade alheia; e melhorar o convívio e relacionamento com os semelhantes visando à edificação de melhores condições de vida, tanto para nós mesmos, quanto para a sociedade que nos acolhe.

Essas são valiosíssimas lições do espiritismo que nos estimulam a progredir e ser alegres e felizes. Praticando-as, mantemos as ações no bem beneficiando a família, o campo de atuação profissional e a vida social.

Com os esforços que empreendemos na autoeducação, na conquista das qualidades nobres, no bom emprego das faculdades e no aproveitamento das concessões divinas, seguimos confiantes na edificação de uma vida muito melhor, agora e no futuro.

Conscientes de que a nossa passagem por esta morada na casa do Pai, chamada de Terra, é caminho para a nossa ascensão e sublimação, persistimos na realização dos trabalhos e nas conquistas dos méritos que nos ascendem na hierarquia verdadeira; e intensificamos os nossos esforços na obtenção do progresso intelectual e moral que é a fonte da paz, saúde, bem-estar, alegria e felicidade perenes.

A FELICIDADE PERFEITA CONQUISTADA ATRAVÉS DA PLURALIDADE DAS EXISTÊNCIAS MATERIAIS

05

Jesus respondeu a Nicodemos, senador dos judeus: Em verdade, em verdade, te digo: Ninguém pode ver o reino de Deus se não nascer de novo. (...) Não te maravilhes de eu te dizer que vos importa nascer de novo.

(João, 3:3 - 7.)

As lições do espiritismo tratam das sucessivas reencarnações, em diferentes mundos habitados, estabelecidas por Deus.

Elas são bênçãos do Pai que nos permitem conquistar, paulatinamente, com esforços próprios, o progresso intelectual e moral que nos aproxima da perfeição espiritual e da felicidade perfeita.

Conscientes disso, nesta encarnação, precisamos empreender os esforços necessários que nos permitem aproveitar bem as incontáveis oportunidades evolutivas que nos tornam melhores e mais felizes.

A tarefa não é fácil, mas, as lições do espiritismo nos recomendam as seguintes condutas para sermos bem-sucedidos:

- Observar as leis de Deus pela prática do bem, conscientes de que a justiça divina dá a cada um de nós segundo as próprias obras.
- Concentrar esforços na realização das boas atitudes e ações elevadas, vigiando a vontade e o uso do livre-arbítrio para colocar a lei de causa e efeito a nosso favor.
- Praticar as virtudes, pois elas garantem bons resultados e os méritos espirituais que nos abrem um futuro melhor, tanto para a vida espiritual, quanto para a próxima reencarnação.
- Disseminar a fraternidade e a solidariedade com o objetivo de tornar o próximo feliz, porque pertencemos à família de Deus e também somos beneficiados pelo bem-estar que geramos para os outros.
- Ter como meta o progresso intelectual e moral que nos permite agir corretamente em todas as circunstâncias da vida e edificar sempre melhores condições de vida.
- Cumprir os deveres, responsabilidades e obrigações assumidas com nobreza moral, para garantir a paz na consciência e criar condições felizes de vida, tanto no presente, quanto no futuro.
- Melhorar o convívio e o relacionamento com os semelhantes, aplicando no cotidiano a sabedoria e o amor exemplificados por Jesus.

Allan Kardec, na questão 222 de *O Livro dos Espíritos*, nos conscientizou acerca das seguintes realidades que estamos submetidos pela lei da reencarnação:

1. Na próxima reencarnação, desfrutaremos de uma situação feliz ou desgraçada, segundo o que tivermos feito na existência presente. Assim, cabe-nos estabelecer o destino feliz que pretendemos para nós mesmos.
2. Na presente existência material, desfrutamos da oportunidade valiosa de elevar o estilo de vida e preparar um futuro melhor, com o efeito natural da realização do bem.

3. As provas evolutivas, escolhidas por nós mesmos antes da reencarnação, devem ser enfrentadas e vencidas com grandeza moral e espiritual. Assim, evitamos as consequências dos erros, vícios, más paixões e ilusões criadas com o apego exagerado às coisas materiais.
4. No atendimento das necessidades materiais, jamais devemos prejudicar o próximo, com as ações egoísticas. Assim, evitamos sofrer expiações dolorosas e realizar reparações decorrentes do mal que tivermos feito.
5. Direcionar a força de vontade para a realização das ações fraternas que garantem o progresso e a felicidade.
6. Estabelecer a aliança com os bons espíritos, pela prática do bem, para receber boas influências espirituais, progredir e desfrutar de um grau elevado de felicidade já na presente encarnação.
7. Persistir no trabalho honesto que melhora as próprias condições de vida, gera méritos e leva ao gozo da felicidade.

Com a sua argumentação sobre a reencarnação, nessa mesma questão de *O Livro dos Espíritos,* Allan Kardec nos orientou:

> Admiti as existências sucessivas, e tudo estará explicado de acordo com a justiça de Deus.
>
> Aquilo que não pudermos fazer numa existência, faremos em outra.
>
> É assim que ninguém escapa à lei do progresso.
>
> Cada um será recompensado segundo o seu verdadeiro merecimento, e ninguém é excluído da felicidade suprema, a que pode aspirar, sejam quais forem os obstáculos que encontre no seu caminho.

E na questão 373a, Allan Kardec nos conscientizou sobre

a importância da obtenção do progresso moral na presente existência, equiparando-o ao progresso intelectual, para evitarmos expiações e sofrimentos na próxima encarnação:

> A superioridade moral não está sempre na razão da superioridade intelectual, e os maiores gênios podem ter muito a expiar; daí resulta frequentemente para eles uma existência inferior às que já tenham vivido, e uma causa de sofrimentos.

Ainda sobre as expiações, provas e esquecimento dos fatos ocorridos em existências corporais anteriores, Allan Kardec, na questão 399, nos ofereceu a seguinte orientação:

> Se o homem não conhece os próprios atos que cometeu em suas existências anteriores, pode sempre saber qual o gênero de faltas de que se tornou culpado e qual era o seu caráter dominante.
>
> Basta que se estude a si mesmo e poderá julgar o que foi, não pelo que é, mas pelas suas tendências.
>
> As vicissitudes da vida corpórea são, ao mesmo tempo, uma expiação das faltas passadas e provas para o futuro. Elas nos depuram e nos elevam, se as sofremos com resignação e sem reclamações.
>
> A natureza das vicissitudes e das provas que sofremos pode também esclarecer-nos sobre o que fomos e o que fizemos, como neste mundo julgamos os atos de um criminoso pelo castigo que a lei lhe inflige.
>
> Assim, este será castigado no seu orgulho pela humilhação de uma existência subalterna; o mau rico e avarento, pela miséria; aquele que foi duro para os outros, pelos tratamentos duros que sofrerá; o tirano, pela escravidão; o mau filho, pela ingratidão dos seus filhos; o preguiçoso, por um trabalho forçado etc.

Portanto, vivemos sob o imperativo da pluralidade das existências materiais, que determina grande parte de nossas condições atuais de vida. Mas, com as nossas atitudes e ações estamos determinando nosso grau de progresso e de felicidade no futuro.

Assim, cabe-nos levar sempre em consideração esse contexto muito complexo em que estamos envolvidos. Mas, confiantes nos desígnios de Deus, aceitamos a imposição de obter o progresso intelectual e moral, que nos aproxima cada vez mais da felicidade duradoura.

06 CAUSAS PARA A FELICIDADE OU A INFELICIDADE

POR QUE UMAS PESSOAS são mais felizes que as outras?

Por que os momentos de felicidade são, geralmente, tão curtos?

Por que não conseguimos gozar na vida terrena de uma felicidade completa?

Allan Kardec obteve dos espíritos superiores a seguinte resposta para essas perguntas complexas, na questão 920 de *O Livro dos Espíritos:*

> A vida foi dada ao homem como prova ou expiação, mas dele depende abrandar os seus males e ser tão feliz quanto se pode ser na Terra.

Portanto, nossa alma encarnou para viver na vida terrena sob o contexto de provas e/ou expiação, com vistas à evolução intelectual e moral. Então, dificilmente, com as tribulações da jornada evolutiva, conseguimos desfrutar da felicidade plena.

Mas, evidentemente, se conseguimos fazer sempre bom uso das faculdades, abrandamos os males que nos atingem, e conseguimos elevar o grau de felicidade que desfrutamos.

As atitudes elevadas e as ações corretas ante as provas e expiações determinam, em muito, o grau de satisfação e bem-estar que conseguimos desfrutar.

Além disso, as lições do espiritismo nos ensinam que as provas e expiações foram escolhidas por nós mesmos antes da encarnação, em função das necessidades evolutivas e dos erros cometidos em existências passadas.

Portanto, provas e expiações não significam dores e sofrimentos, mas se tratam de oportunidades valiosas, que devemos aproveitar bem, pois promovem a autoeducação, o resgate de dívidas e a criação de melhores condições de vida mais à frente.

Quando saímos vitoriosos das provas e expiações, pela prática das virtudes, beneficiamos a nós mesmos e aos semelhantes. Assim, crescemos em progresso e bem-estar.

Para evitarmos muitos males que nos atingem no cotidiano e perturbam a nossa felicidade, Allan Kardec, obteve dos espíritos superiores, na questão 921, a seguinte orientação:

> O homem é, na maioria das vezes, o artífice de sua própria infelicidade.
>
> Praticando a lei de Deus, ele pode poupar-se a muitos males e gozar de uma felicidade tão grande quanto o comporta a sua existência num plano grosseiro.

Portanto, devemos nos preocupar em cumprir a Lei de Deus, que consiste, em resumo, na prática do amor, justiça e caridade.

Devemos sempre fazer a nossa parte tendo a maturidade de agir de modo elevado para evitar muitos males e conseguir, assim, desfrutar de uma felicidade condizente com as nossas boas realizações e o grau de evolução intelectual e moral já alcançado.

Evidentemente, isso não impede que apareçam as provas e/ou expiações, mas enfrentando-as com coragem, paciência, abnegação, responsabilidade e esperança, conseguimos superá-las com boas atitudes e obter a paz na consciência que nos permite desfrutar do bem-estar e da felicidade.

Os espíritos superiores revelaram ainda a Allan Kardec por que, muitas vezes, o homem que é justo, mesmo agindo corretamente, não consegue desfrutar da felicidade:

> Se o justo é infeliz, é porque passa por uma prova que lhe será levada em conta, desde que a saiba suportar com coragem.
>
> Lembrai-vos das palavras de Jesus: "Bem-aventurados os que sofrem, porque serão consolados. (Questão 926 de *O Livro dos Espíritos*.)

E, quanto à classe das pessoas supostamente felizes, eles disseram:

> Nenhuma classe é perfeitamente feliz, pois aquilo que se considera a felicidade muitas vezes oculta pungentes aflições. O sofrimento está por toda parte.
>
> Entretanto, para responder ao teu pensamento, direi que as classes a que chamas sofredoras são mais numerosas porque a Terra é um lugar de expiação.
>
> Quando o homem a tiver transformado em morada do bem e dos bons espíritos, não mais será infeliz nesse mundo, que será para ele o paraíso terrestre. (Questão 931.)

Portanto, estamos sempre enfrentando provas e expiações que nos ajudam a evoluir em termos intelectuais e morais. Elas, em função da gravidade, determinam em muito o grau de felicidade que conseguimos alcançar na Terra.

Porém, com trabalho, tempo, otimismo e esperança, vamos transformando, paulatinamente, a vida terrena num paraíso, com os esforços para o engrandecimento das relações humanas, a implantação da fraternidade e da solidariedade que atenuam as provas e as expiações e geram melhores condições de vida para todos os habitantes do planeta.

E quanto aos condicionamentos que devemos eliminar, pois são causas dos males, sofrimentos e infelicidade, Allan Kardec ofereceu-nos os seguintes esclarecimentos:

> O homem é infeliz, geralmente, pela importância que liga às coisas deste mundo.
>
> A vaidade, a ambição e a cupidez fracassadas o fazem infeliz.
>
> Se ele se elevar acima do círculo estreito da vida material, se elevar o seu pensamento ao infinito, que é o seu destino, as vicissitudes da Humanidade lhe parecerão mesquinhas e pueris, como as mágoas da criança que se aflige pela perda de um brinquedo que representava a sua felicidade suprema. (Questão 933 de *O Livro dos Espíritos*.)

Em complemento, Allan Kardec nos ensinou ainda que, além das provas e expiações, temos missões importantes a cumprir:

> Ao lado das grandes missões confiadas aos espíritos superiores, há as de todos os graus de importância, confiadas aos de todas as ordens.
>
> De onde poder dizer-se que cada encarnado tem a sua, isto é, deveres a cumprir para o bem de seus semelhantes, desde o pai de família, a quem incumbe o cuidado de fazer os filhos progredirem, até o homem de gênio, que lança na sociedade

novos elementos de progresso. (Revista Espírita, março de 1865, Onde é o Céu?)

Portanto, provas, missões e expiações são imposições que devemos atender com nobreza espiritual para que consigamos evoluir intelectual e moralmente e aproximar da felicidade que permanece para sempre em nossa alma.

Mas, paralelamente a esse contexto pessoal, presenciamos a jornada evolutiva coletiva, na qual uns sofrem mais que os outros; uns nascem na miséria e outros na opulência, sem nada terem feito para justificar essa situação desigual; uns nada conseguem em boas condições de vida, enquanto que para outros tudo parece sorrir; uns reúnem muitos bens terrenos, enquanto que outros suportam dolorosos males; uns complicam a sua vida buscando os vícios, enquanto que outros progridem e se tornam felizes praticando as virtudes; uns sofrem mesmo sendo homens virtuosos, enquanto que algumas pessoas más prosperam na criminalidade.

Allan Kardec ofereceu-nos as seguintes respostas para essas questões complexas, no Capítulo V de *O Evangelho segundo o Espiritismo*:

- As vicissitudes da vida têm causas justas, porque Deus é justo.
- As causas para as vicissitudes estão, geralmente, no caráter, atitudes, condutas, decisões e ações adotadas pelas pessoas. Elas são as consequências de suas ações inadequadas e insensatas.
- Para algumas pessoas, as causas para as vicissitudes suportadas na vida presente estão ocultas nas existências passadas. Os efeitos das más ações praticadas num passado distante aparecem na vida atual, embora as pessoas não consigam se lembrar delas.
- Certas pessoas suportam expiações na vida presente que aparecem sob as formas de vicissitude, sofrimento, aflição e infelici-

dade. São oportunidades regenerativas que as libertam de um passado nefasto e as livram de um inferno eterno.

Dessa forma, cabe-nos ampliar o entendimento da vida e aproveitar bem as oportunidades da reencarnação:

- Cumprindo com coragem, resignação e nobreza moral as missões, provas ou expiações a que estamos submetidos.
- Conquistando as virtudes que nos permitem fazer o bem em todas as circunstâncias da vida e, assim, observar a lei de Deus.
- Trabalhando para o bem-estar e a felicidade de todos, para melhorar as condições de vida na família, no trabalho, na sociedade.
- Esforçando para obter o progresso intelectual e moral que nos dá os méritos que precisamos para desfrutar, mais à frente, das bem-aventuranças.
- Sendo o homem de bem que age sempre com sabedoria e amor para aprimorar as condições de vida de todos.

07

CAUSAS DA INFELICIDADE NA EXISTÊNCIA ATUAL

Você colhe o que planta, diz o ditado popular.

E as lições do espiritismo vêm nos ensinar que podemos evitar muitos males, usando bem as faculdades, principalmente a vontade e o livre-arbítrio.

Se semearmos livremente o bem, pela lei de causa e efeito vamos colher obrigatoriamente segundo as nossas boas semeaduras.

Se formos vigilantes e prudentes no momento da semeadura livre, no momento da colheita obrigatória, teremos frutos doces a saborear.

Desse mesmo modo, entendemos também porque muitas pessoas se tornaram infelizes. Com suas más plantações no cotidiano passam a suportar as condições complicadas de vida que criaram para si mesmas. Por terem agido muito mal em algum momento; terem feito uma semeadura inadequada obtiveram como resulto a colheita de frutos amargos.

Portanto, as vicissitudes que muitas pessoas suportam são decorrências claras de suas próprias atitudes, obras e ações imprevidentes e infelizes.

Mas, dificilmente aceitam isso como decorrência de seu

caráter ou personalidade. Preferem acusar a má sorte ou atribuir às circunstâncias, aos pais, amigos e principalmente aos inimigos as causas para os seus infortúnios.

A doutrina espírita vem nos mostrar que muitos problemas, enfermidades, tribulações e decepções decorrem:

- Dos erros que cometemos por imprevidência, orgulho, vaidade ou ambição.
- Da falta de perseverança na realização do bem.
- Das condutas inadequadas que mantemos perante os semelhantes, dos vícios que cultivamos ao longo do tempo e das más atitudes e ações que promovemos contra a própria natureza e os outros.
- Da união conjugal que se tornou complicada e tumultuada pelo cultivo das brigas, conflitos, insatisfação e interesses egoísticos.
- Dos atos que resultaram da imoderação, intenção escusa, desonestidade, explosão de cólera e suscetibilidade exacerbada.
- Da intemperança, dos abusos e excessos de todos os gêneros.
- Da falta de respeito aos direitos alheios.
- Etc.

Evidentemente, basta buscarmos honestamente as causas para as tribulações que enfrentamos, para constatarmos facilmente que nós mesmos fomos os artífices dos nossos infortúnios, males, aflições e infelicidade.

Ante a essa realidade que a nossa mente percebe e aponta as causas, Allan Kardec nos ensinou a interrogar friamente a própria consciência buscando identificar as causas das vicissitudes que nos atormentam e nos tornam infelizes.

A partir disso, ficamos conscientes das imperfeições morais que nos prejudicam. Então, passamos a trabalhar para eliminar as causas e suavizar os seus efeitos até a superação.

Quando remontamos passo a passo às fontes dos males que nos afligem, identificamos claramente as suas causas. Então, conseguimos agir com bom-senso para estancá-las e revertê-las, melhorando paulatinamente as próprias condições de vida.

Allan Kardec nos orientou ainda que, ao recorrermos à consciência para chegar às causas da infelicidade, concluímos que:

> Se tivéssemos feito isso ou se não tivéssemos feito tal coisa, com certeza, não estaríamos na situação desconfortável e infeliz em que nos encontramos.

Portanto, devemos agir sempre com vigilância perante as semeaduras nos diferentes campos da vida. Devemos ter prudência com as atitudes e condutas. Devemos agir, em suma, de modo virtuoso, colocando a lei de causa e efeito a nosso favor.

Quando fazemos bom uso das faculdades, notadamente da vontade e do livre-arbítrio, semeamos a boa semente. Os resultados das sementes espalhadas com sabedoria e nobreza moral são o progresso na vida e a conquista do bem-estar, alegria e felicidade.

CAUSAS DA INFELICIDADE OCULTAS EM EXISTÊNCIAS PASSADAS

08

A JUSTIÇA DE DEUS age sem restrição de tempo. Então, não deixa prescrever mérito, nem erro.

Sua dimensão alcança a todos na vida presente, na vida futura da alma no mundo espiritual e na sua próxima reencarnação. Assim, sempre dá a cada um de nós de acordo com as nossas próprias obras.

Desse modo, torna-se impossível não recebermos os resultados das boas ações, ou, por outro lado, fugirmos das consequências dos nossos próprios maus atos.

Por exemplo, se praticarmos o bem, conquistaremos inevitavelmente, pela lei de causa e efeito, méritos e recompensas. Se praticarmos os vícios e atos imprevidentes ou criminosos, estabelecemos, a partir de então, as causas para os próprios sofrimentos.

Assim, onde quer que estejamos, presenciamos o momento de acerto de contas dos próprios atos perante Deus, os semelhantes e a nós mesmos.

Tudo o que tivermos feito de bom ou de ruim estará gravado na memória imperecível da nossa alma. Então, será fácil a recordação e a análise pela consciência do que realizamos de certo e de errado, de justo e de injusto.

É assim que não precisamos de testemunhas oculares para vermos exteriorizados os benefícios da prática do bem, nem os resultados dos erros ou crimes praticados.

No momento de acerto de contas, temos a própria consciência a nos garantir as bem-aventuranças; mas, por outro lado, a nos fazer sentir e aceitar a imposição das más consequências.

Nesse momento, a avaliação mental nos faz cair em arrependimento e sentir a necessidade de expiação e reparação das faltas cometidas.

Portanto, devemos evitar contrair dívidas perante a justiça divina. A nossa própria consciência será o juiz severo que nos imporá a aceitação das repercussões dos males praticados e a retrospectiva às causas da própria situação infeliz.

Se essa avaliação da consciência só ocorrer quando já estivermos na dimensão espiritual, sob a imposição das condições insatisfatórias de vida, chegamos a pedir a Deus a reencarnação como oportunidade de fazer os acertos necessários de contas com os credores e conseguir, assim, reverter a situação desagradável que estivermos suportando.

Com essa concessão de Deus, escolhemos as provas expiatórias que vão amenizar as consequências dos erros cometidos no passado; apagar da mente o remorso e arrependimento; reduzir os desequilíbrios e sofrimentos; e restaurar a paz na consciência para o prosseguimento na caminhada evolutiva em melhores condições de vida.

Allan Kardec ensinou-nos que alguns espíritos escolhem as seguintes ocorrências na encarnação presente para a expiação dos erros, males ou crimes que praticaram num passado distante:

- A perda de ente querido ou arrimo de família.
- A morte em tenra idade.

- Acidente que nenhuma providência ou medida de prudência consegue impedir.
- Flagelo natural com a decorrente perda, dano, aflição e sofrimento.
- Enfermidade de nascença, deformidade, idiotia, cretinismo, etc.

Evidentemente, na encarnação presente, o espírito que enfrenta essas dolorosas expiações não consegue se lembrar mais dos maus atos que praticou na encarnação passada, nem de seu desejo de reparação que o levou a pedir para nascer de novo em regime de regeneração.

Então, se não conseguir suportar as condições difíceis de vida que escolheu enfrentar, geralmente, cai na revolta, insatisfação e falta de resignação, quando não no suicídio.

Mas, se a alma tiver o firme desejo de reparação, as concessões da misericórdia divina são valorizadas e ela cumpre as suas tarefas árduas de expiação e reparação com boa disposição, mesmo sem ter acesso às memórias das existências passadas.

Portanto, com a reencarnação sempre existe uma causa justa para as aflições, sofrimentos, dores e situações constrangedoras que o espírito suporta na encarnação presente.

Embora alguns espíritos encarnados se sintam injustiçados com as condições atuais de vida, por não encontrarem causas justas para isso, precisam agradecer a Deus, pois a recordação dos males praticados comprometeria as suas novas relações familiares e sociais; e o peso na consciência culpada dificultaria o seu acerto de contas com a justiça de Deus.

Mas, quando o espírito encarnado tem a noção que as causas para as tribulações, sofrimentos e expiações que enfrenta estão ocultas em encarnações passadas, ele suporta as vicissitudes e os sofrimentos na vida atual com coragem e resignação;

aceita instintivamente os infortúnios como sendo as consequências dos erros cometidos em existências passadas; como as respostas da lei e da justiça às suas más condutas e ações infelizes praticadas em existências corporais precedentes.

É desse modo que quem sofre e é infeliz, mas entende a pluralidade das vidas materiais, se sente fortalecido na vida presente, encontrando consolação ao suportar os seus difíceis problemas; sustenta a confiança em Deus, mesmo enfrentando enormes dificuldades; pressente as causas justas para a sua situação complicada; guarda a noção que a vida de seu espírito não está ao sabor do acaso, porque tem o pressentimento íntimo que reencarnou para suportar as dores que vão redimi-lo e abrir um futuro melhor graças ao seu bom ânimo e esperança; mantém na consciência a intuição que está desfrutando de uma oportunidade valiosa de expiação e reparação dos males e crimes cometidos, o que lhe dá conformação e paciência, além do desejo de prosseguir se esforçando para ficar quites com a justiça e reunir méritos morais e espirituais para o porvir.

É desse modo que quem acredita na pluralidade das existências materiais aproveita bem a oportunidade de expiação e reparação dos erros cometidos no passado; esforça-se em se manter no bom caminho pela prática do bem; procura fazer o melhor no uso das faculdades perante os semelhantes; e persiste na acumulação das experiências, conhecimentos e virtudes que vão lhe garantir a elevação na hierarquia verdadeira e as bem-aventuranças na vida futura.

Allan Kardec nos ensinou ainda que no nascer de novo, o espírito culpado sofre, geralmente, de modo semelhante ao que fez os outros sofrerem.

Portanto, cada espírito recebe, em resposta da lei e da justiça, de acordo com as suas próprias obras. Colhe, na encarnação presente, de acordo com o que semeou em sua encarnação passada.

Por isso, conscientes dessas realidades da vida do espírito, persistimos na disseminação do bem, visando colher no futuro os frutos doces das boas obras que realizamos hoje.

Adicionalmente, Allan Kardec nos ensinou que quem sofre muito pode ter muitos erros a expiar. Então, deve tornar o seu sofrimento proveitoso. Deve ter coragem e resignação e não cair em reclamações e más condutas que o obrigam a recomeçar uma outra existência em condições piores ainda.

Quanto ao esquecimento temporário dos atos nefastos praticados num passado distante, onde estão as causas ocultas para muitos sofrimentos na existência atual, Allan Kardec salientou insistentemente que se trata de uma bênção de Deus; de um lenitivo. Se o espírito conseguisse se recordar na vida presente dos erros graves que cometeu em encarnações passadas, as suas condições atuais de vida seriam bem piores. A lembrança insistente do passado lhe seria muito penosa. A sua consciência não cessaria de acusá-lo das faltas praticadas, tornando-o bem mais sofredor.

Além disso, essa recordação nefasta atrairia para si a humilhação por parte dos familiares e das pessoas que foram prejudicadas em sua existência anterior. Então, sentiria dolorosa vergonha e uma amargura permanente. Teria a lembrança persistente dos acontecimentos ruins e das pessoas que prejudicou com seus maus atos. Isso agravaria em muito os seus sofrimentos.

Portanto, as expiações que suportamos na encarnação presente têm as suas causas ocultas em nossas encarnações passadas. Por isso, devem ser vistas como oportunidades valiosas concedidas por Deus para a reparação, reeducação e regeneração; para ficarmos quites com a lei e a justiça; e para retomarmos a ascensão na hierarquia espiritual, que vai nos propiciar a felicidade verdadeira.

Quando reparamos os erros cometidos no passado distante atendendo a lei de amor, justiça e caridade, através da realização de trabalhos fraternos que beneficiam o próximo, rapidamente ficamos quites com a lei e a justiça. Além disso, edificamos o futuro venturoso que tanto almejamos.

Em corroboração a essa realidade, o espírito Lacordaire nos legou a seguinte lição, no artigo Instrução moral, contido na *Revista Espírita* de março de 1862:

> Fazer o bem, praticar as virtudes cristãs e realizar as boas obras, nos permitem participar da felicidade incomparável, dos prazeres e das delícias sem fim das falanges celestes.

SUPORTANDO BEM A PERDA DE UM ENTE QUERIDO, DECEPÇÃO, INGRATIDÃO, QUEBRA DE AFEIÇÃO, UNIÃO ANTIPÁTICA E PREOCUPAÇÃO COM A MORTE

09

A PERDA DE UM ENTE QUERIDO

A MORTE INESPERADA DE um ente querido nos causa choque e profundo mal-estar pela perda irreparável.

Porém, trata-se de um momento de reflexão acerca do contexto verdadeiro em que estamos inseridos na obra da criação.

Como criaturas de Deus, estamos submetidos à sua vontade, desígnios, justiça e leis. Então, precisamos demonstrar confiança nos atributos do Criador de todas as coisas. Dessa forma, passamos pelas difíceis provas desta vida transitória com coragem e resignação.

O Pai age sempre com sabedoria, justiça e amor com Seus filhos, criados na vida espiritual como espíritos imortais.

Nesse contexto verdadeiro, Deus impõe-lhes a encarnação em corpos materiais, obtidos pela lei da reprodução, para que obtenham o progresso intelectual e moral.

Então, a morte do envoltório corporal nada mais é que a volta do espírito ao mundo espiritual, que é a sua pátria verdadeira. A sua ausência temporária do mundo espiritual ocorreu para que pudesse progredir na hierarquia espiritual.

A encarnação do espírito por tempo limitado ocorreu graças à missão desempenhada pelos pais terrenos, atendendo aos desígnios de Deus. Ela supre a necessidade que a alma tem de evoluir com a conquista de maior aprimoramento intelectual e moral, que a aproxima da perfeição espiritual e da felicidade plena.

As faculdades do espírito são bênçãos concedidas por Deus, em processo de desenvolvimento. Elas se aprimoram com os conhecimentos, habilidades, experiências, moralidade, memórias, afeições, etc. Assim, estão em permanente processo de aprimoramento, engrandecendo a qualidade de vida.

O espírito, com a desencarnação, leva para a continuidade de sua vida no mundo espiritual o mesmo nível de consciência, caráter, características, personalidade e individualidade que já conquistou em sua milenar trajetória evolutiva.

Conserva até mesmo a sua forma e aparência física, graças às propriedades do perispírito, que é o envoltório fluídico semimaterial do espírito.

Em função dessas realidades espirituais, quando perdemos a presença de um ente querido, precisamos confiar em Deus; entender que a perda de um ente querido na vida terrena é uma decorrência natural das Suas leis sábias e justas que beneficiam o espírito em seu processo evolutivo.

Algumas vezes, o modo que ocorreu a desencarnação trata-se de prova ou mesmo expiação para o espírito que partiu, bem como para os seus familiares.

Um erro grave cometido contra alguém em existência passada exige acertos de contas com a justiça, para que o espírito siga sua trajetória evolutiva com a consciência em paz.

O espírito, antes da reencarnação, pediu a oportunidade dessa expiação, com vistas a ficar quites com a justiça. Assim, na presente encarnação, suporta constrangimento semelhante ao que impôs a alguém em encarnação passada.

Mas, de um modo geral, o espírito que voltou ao mundo espiritual já cumpriu as missões e provas, quando não as expiações que havia escolhido passar. Então, graças ao progresso maior que obteve, pode desfrutar de melhores condições de vida nas esferas espirituais sublimes que acolhem e servem de residência para os bons espíritos.

Portanto, de nossa parte, não cabe qualquer revolta, inconformidade ou egoísmo. Cabe-nos fortalecer a confiança em Deus e orar em benefício do espírito que partiu. Ele agora precisa se adaptar rapidamente às novas condições de vida, que é repleta de boas companhias, atividades e oportunidades de evolução.

Com esse conhecimento espírita, conseguimos suportar melhor a prova ou a expiação da perda de um ente querido.

A realidade sobre a morte está bem expressa na lição do espírito Luisa Charly, contida na *Revista Espírita* de dezembro de 1858:

> A morte não é um flagelo, é a porta da verdadeira vida e da verdadeira felicidade.

As inúmeras revelações feitas pelos espíritos, através de diferentes médiuns, mostram que na vida além-túmulo a felicidade surge com a libertação das limitações impostas pelo corpo material; o reencontro feliz com os familiares e amigos queridos que partiram antes; o fim dos condicionamentos impostos pela sociedade terrena; e a integração às novas ocupações e oportunidades que permitem ao espírito crescer ainda mais em sabedoria e amor em melhores condições de vida.

Em complemento, Allan Kardec nos ensinou que:

> A doutrina espírita, pelas provas patentes que nos dá quanto à vida futura, à presença ao nosso redor dos seres aos quais amamos, à continuidade da sua afeição e da sua solicitude, pelas relações que nos permite entreter com eles, nos oferece uma suprema consolação, numa das causas mais legítimas de dor. (*O Livro dos Espíritos*, questão 936.)

DECEPÇÃO, INGRATIDÃO E QUEBRA DE AFEIÇÃO

A convivência com os familiares e o relacionamento com os amigos queridos geralmente nos propiciam momentos de muita satisfação, alegria e felicidade.

Mas, algumas vezes, ocorrem acontecimentos que nos levam a conflitos, desgastes emocionais, decepções, melindre pela ingratidão e mesmo quebra da afeição.

Outras vezes, descobrimos que certas pessoas queridas usavam a máscara da sinceridade, honestidade e responsabilidade para nos iludir e enganar. Então, constatamos como seus atos eram insanos; que eram pessoas falsas que nos impuseram constrangimento, mágoa e ressentimento.

Os deslizes morais que alguns entes queridos cometem, quando descobertos de modo inesperado, enchem o nosso mundo íntimo de amargura. Quando cai a máscara da dissimulação, vemos a realidade: eram pessoas falsas, ingratas, infiéis e egoístas.

Então, nessas horas difíceis, só ficaremos salvos do revide e dos atos de loucura recorrendo à oração e à vigilância nos sentimentos e pensamentos; ao perdão ensinado por Jesus. Então, conseguimos passar pela prova árdua, conservando o equilíbrio no modo de ser, sentir, pensar, falar e agir.

Allan Kardec nos recomendou que nesses momentos constrangedores devemos praticar o amor aos inimigos e retribuir o mal recebido com a prática do bem.

Assim, colocamo-nos acima das pessoas que agem de modo indigno conosco; entendemos que os seres que nos ferem são pessoas ainda imaturas, que precisam passar por muitas experiências evolutivas, quase sempre dolorosas, para compreenderem o valor da amizade e da fraternidade.

O amor aos inimigos é libertador: quebra as algemas que nos prendem aos agressores; coloca-nos acima dos acontecimentos desagradáveis; liberta-nos da lamentação, ódio e desejo de vingança; e nos permite persistir na prática do bem que gera o verdadeiro progresso e a felicidade imperecível.

O amor aos inimigos, em decorrência da grandeza moral na alma, nos leva a retribuir o mal recebido com entendimento, paciência, perdão e benevolência.

Por isso, Allan Kardec nos estimulou, da seguinte forma, a cultivar o verdadeiro amor:

> A natureza deu ao homem a necessidade de amar e ser amado. Um dos maiores gozos que lhe são concedidos na Terra é o de encontrar corações que simpatizem com o seu. Ela lhe concede, assim, as primícias da felicidade que lhe está reservada no mundo dos espíritos perfeitos, onde tudo é amor e benevolência: essa é uma ventura recusada ao egoísta. (*O Livro dos Espíritos*, questão 938.)

UNIÃO ANTIPÁTICA

Um casamento bem estruturado, alegre e feliz é uma bênção na vida material. Ele nos permite organizar o ambiente familiar para conseguirmos satisfazer as necessidades, acelerar o progresso e obter o bem-estar.

As atitudes e ações elevadas dos familiares que amamos e que nos amam geram os momentos de disposição ao trabalho, descontração, alegria e satisfação no reduto doméstico.

Mas, infelizmente, algumas vezes, a união que era amorosa se torna antipática pelos conflitos persistentes e desgastes emocionais decorrentes.

Geralmente, o modo descontrolado e inadequado de falar e agir de um dos cônjuges produz sentimentos conturbados, agravando as crises constantes que abalam o cerne da vida a dois.

Quando o amor acaba, o diálogo que era honesto e fraterno se torna agressivo, abrindo espaço para a indelicadeza constante e o fim do entendimento e perdão. Então, o rancor vem à flor da pele, destruindo a amizade, gentileza, estima, confiança e satisfação.

É desse modo que os parceiros acabam com o relacionamento amoroso; destroem os laços que deveriam permanecer afetivos e espirituais.

A união feliz se torna antipática e insuportável; a convivência que era sadia e alegre fica desastrosa e cheia de embaraços, contrariedades e aborrecimentos.

Então, os parceiros passam a viver envoltos em críticas, brigas, revides e atos inconsequentes. Cada um procura defender os seus interesses egoísticos, prejudicando a boa convivência.

Os sentimentos amorosos se convertem em ódio; o bom relacionamento se torna insuportável; as conversas agradáveis viram discussões intermináveis de dimensões inimagináveis; o respeito mútuo acaba em atos de violência verbal ou mesmo física; os interesses se voltam para os de fora do ambiente familiar; os deslizes morais acontecem com frequência; e o sonho de uma vida feliz a dois se transforma num terrível pesadelo.

Então, não há mais motivos para a manutenção da união que estremeceu. Os compromissos precisam ser desfeitos, com cada cônjuge cuidando de seus interesses pessoais, sem que os filhos sejam prejudicados ou jogados numa nau sem rumo.

Segundo a doutrina espírita, a separação de um casal em conflito sério não representa nenhum pecado. A afeição mútua acabou; o relacionamento ficou tenso e frio; a indiferença trouxe a infelicidade; a incompatibilidade de gênio ficou perigosa; a antipatia de um pelo outro chegou a tal ponto que cada parceiro precisa dar um rumo novo para a sua vida.

Em *O Livro dos Espíritos*, questão 939, aprendemos que:

> Quantos há que pensam amar perdidamente porque julgam apenas as aparências, e, quando são obrigados a viver em comum, não tardam a reconhecer que se tratava somente de uma paixão material!
>
> Não é suficiente estar enamorado de uma pessoa que vos agrada e que supondes dotada de belas qualidades; é vivendo realmente com ela que a podereis apreciar.
>
> Quantas uniões, por outro lado, que a princípio pareciam incompatíveis e com o correr do tempo, quando ambos se conheceram melhor, se transformaram num amor terno e durável porque baseado na estima recíproca!
>
> É necessário não esquecer que o espírito é quem ama, e não o corpo, e que, dissipada a ilusão material, o espírito vê a realidade.
>
> Há duas espécies de afeição: a do corpo e a da alma, e frequentemente se toma uma pela outra. A afeição da alma, quando pura e simpática, é duradoura; a do corpo é perecível: eis

porque os que se julgam amar com um amor eterno acabam se odiando, quando passa a ilusão.

A PREOCUPAÇÃO COM A MORTE

Todos nós temos medo do modo que o nosso corpo material pode morrer um dia. Conhecemos o ditado popular que diz: A única certeza na vida é a da morte. Então, adquirimos temor do momento difícil que podemos enfrentar, sentindo abalo no mundo íntimo.

De fato, é justo o medo dos sofrimentos que podemos enfrentar no momento difícil que geralmente antecede à morte do corpo material. O instinto de sobrevivência cumpre a sua tarefa de gerar temores, tentando nos levar à busca dos meios necessários para a preservação da valiosa existência material.

Porém, para enfrentarmos com coragem as incertezas futuras, precisamos das convicções religiosas, que nos dão confiança nos atributos de Deus e certeza na imortalidade da alma. Então, sentimos reduzir o temor da morte.

Além disso, a crença religiosa nos dá a resignação ante as leis, vontades e desígnios do Criador; a confiança no poder da prece para atrair a ajuda divina; a esperança de entrarmos numa vida melhor, em decorrência da prática do bem, do cultivo dos valores morais, da conquista da paz na consciência e da acumulação dos méritos espirituais, o que nos propicia o amparo dos espíritos familiares e protetores.

Além disso, o espiritismo vem em nosso socorro para fortalecer ainda mais a nossa convicção de que Deus é um Pai sábio, amoroso, justo e misericordioso, que cuida de Seus filhos na jornada evolutiva, para conduzi-los a uma vida melhor e mais feliz no mundo espiritual.

A doutrina espírita nos ensina ainda que a morte do corpo material é a hora da colheita do que semeamos na vida terrena. Por isso, nos prepara para a boa semeadura; tornar proveitosa a nossa passagem pela vida corporal; fazer bom uso das faculdades; realizar as boas obras; e praticar as virtudes.

Com isso, fortalecemos a fé nas promessas de Jesus acerca das bem-aventuranças existentes no reino dos céus para as almas amorosas e justas.

Então, desse modo, reduzimos o temor da morte do corpo material. Adquirimos a certeza de que a desencarnação é a libertação das missões e provas terrenas; o momento do balanço na contabilidade dos tesouros imperecíveis acumulados.

Com a confiança em Deus e a prática da lei de amor, justiça e caridade, enfrentamos o temor da morte com a coragem e a esperança de que o nosso espírito estará amparado; que será bem recebido pelos amigos e familiares já desencarnados; que será encaminhado para desfrutar das condições maravilhosas de vida existentes nas esferas espirituais elevadas, onde estão reunidos os espíritos que na vida terrena souberam acumular os méritos morais e espirituais.

Assim, é importante diferenciarmo-nos do homem carnal, como nos orienta a questão 941 de *O Livro dos Espíritos*:

> O homem carnal, mais ligado à vida corpórea do que à vida espiritual, tem na Terra as suas penas e os seus prazeres materiais.
>
> Sua felicidade está na satisfação fugidia de todos os seus desejos. Sua alma, constantemente preocupada e afetada pelas vicissitudes da vida, permanece numa ansiedade e tortura perpétua.
>
> A morte o amedronta, porque ele duvida do futuro e por-

> que acredita deixar na Terra todas as suas afeições e todas as suas esperanças.
>
> O homem moral, que se elevou acima das necessidades artificiais criadas pelas paixões, tem, desde este mundo, prazeres desconhecidos do homem material.
>
> A moderação dos seus desejos dá ao seu espírito calma e serenidade.
>
> Feliz com o bem que fez, não há para ele decepções e as marcas dolorosas.

Além disso, as condições felizes de vida são para a alma nobre, conforme está registrado nas seguintes palavras do espírito Luisa Charly, contidas na *Revista Espírita* de dezembro de 1858:

> Por mais feliz que se seja na Terra, a felicidade do céu é coisa muito diferente!
>
> Que tesouros e que riquezas, que conhecereis um dia, e das quais não suspeitais ou ignorais completamente.
>
> No céu, o ódio, a inimizade, o rancor, a cólera, o orgulho e a vaidade se tornam um obstáculo à felicidade.
>
> Acelerai o vosso progresso. A felicidade que vem de Deus é a verdadeira felicidade.

10 EVITANDO A LOUCURA E O SUICÍDIO DECORRENTES DA INFELICIDADE

ALLAN KARDEC NOS ENSINOU, no Capítulo V de *O Evangelho segundo o Espiritismo*, que devemos encarar com qualidades nobres as vicissitudes e os transtornos que nos tornam infelizes. Assim, imunizamo-nos contra a loucura e o suicídio:

> A calma e a resignação, obtidas pela maneira de encarar a vida terrestre e pela fé no futuro, dão ao espírito uma serenidade que é a melhor proteção contra a loucura e o suicídio.
>
> Com efeito, a maior parte dos casos de loucura é devida à comoção produzida pelas vicissitudes que o homem não tem força de suportar.
>
> Se, pois, pela maneira com que o espiritismo o faz encarar as coisas deste mundo, ele toma com indiferença, com alegria mesmo, os revezes e as decepções que o teriam desesperado em outras circunstâncias, é evidente que essa força, que o coloca acima dos acontecimentos, preserva sua razão dos estremecimentos que, sem ela, o teriam perturbado.

Com essas lições do codificador do espiritismo, nos sentimos estimulados a encarar os problemas, as dificuldades e os revezes que surgem na vida terrena com calma, paciência, tranquilidade, resignação e fé no futuro.

Conseguimos isso, com o conhecimento do contexto grandioso em que estamos inseridos na obra de Deus; com o esforço que fazemos para nos situar acima dos acontecimentos perturbadores que nos atingem; com o modo elevado de ser, sentir, pensar, falar e agir perante as dificuldades e experiências que nos agridem e constrangem.

É desse modo que preservamo-nos das insanidades mentais e imunizamo-nos contra o suicídio.

Allan Kardec nos ensinou ainda o seguinte sobre esses perigos, na Introdução de *O Livro dos Espíritos*:

> Entre as causas mais frequentes de superexcitação cerebral, devemos contar as decepções, as desgraças, as afeições contrariadas, que são também as causas mais frequentes do suicídio.
>
> Ora, o verdadeiro espírita olha as coisas deste mundo de um ponto de vista tão elevado; elas lhe parecem tão pequenas, tão mesquinhas, em face do futuro, que o aguarda; a vida é para ele tão curta, tão fugitiva que as tribulações não lhe parecem mais do que incidentes desagradáveis de uma viagem.
>
> Aquilo que para qualquer outro produziria violenta emoção, pouco o afeta, pois sabe que as amarguras da vida são provas para o seu adiantamento, desde que as sofra sem murmurar, porque será recompensado de acordo com a coragem ao suportá-las. Suas convicções lhe dão uma resignação que o preserva do desespero e consequentemente de uma causa constante de loucura e suicídio.
>
> Além disso, conhece pelo exemplo das comunicações dos espíritos a sorte daqueles que abreviam voluntariamente os seus dias, e esse quadro é suficiente para o fazer meditar.

Assim, o número dos que tem detido à beira deste funesto despenhadeiro é considerável.

Portanto, devemos enfrentar as provas da vida que aparecem sob as formas de acontecimentos constrangedores e dolorosos, problemas, revezes, sofrimentos, dificuldades, vicissitudes e aflições com coragem e fé no futuro; com a valorização das oportunidades de engrandecimento do uso das faculdades da alma; com o agradecimento a Deus das inspirações e ajudas ocultas que nos permitem progredir em meio às tribulações; com a vigilância e a oração que fortalecem nossos sentimentos, emoções e pensamentos, permitindo-nos agir sempre de modo elevado perante os imprevistos.

Então, obtemos a vitória e os méritos que melhoram as condições de vida e criam um futuro cada vez mais feliz.

Para nos fortalecer ainda mais contra o suicídio, Allan Kardec nos legou as seguintes orientações:

- Os próprios espíritos suicidas vêm nos advertir sobre a situação infeliz em que se encontram na vida espiritual, por terem violado a lei de Deus, que proíbe o homem de abreviar a sua vida terrena.
- Os sofrimentos que os espíritos suicidas narram nos fazem refletir acerca das consequências do partir da Terra antes da ordem de Deus.
- Os espíritos suicidas que fugiram das vicissitudes da vida terrena, tentando acabar com os seus problemas e sofrimentos, chegaram a um resultado totalmente contrário do esperado, porque fugiram de um grande mal para caírem noutro pior, mais longo e mais terrível.
- Os espíritos suicidas deparam-se, no outro mundo, com obstá-

culos à união com a alma dos seres que amaram na jornada terrena e que procuravam encontrar no além-túmulo.
- Os espíritos que anteciparam a morte do corpo material só encontraram decepções e dores; descobriram que apenas o corpo material morreu e que o ato infeliz não atendeu a nenhum de seus interesses.

Por isso, Allan Kardec nos aconselhou que, ante a ideia do suicídio, face às vicissitudes, enfermidades e sofrimentos, devemos opor a certeza da vida futura; despertar a coragem moral, que surge com o saber que seremos mais felizes na vida futura, quanto mais confiantes e resignados tivermos sido na vida terrena.

Nas questões 943 a 957 de *O Livro dos Espíritos*, encontramos ainda sábias lições que nos preservam de cometer atos de loucura ou o suicídio:

- Empregar as faculdades num fim útil e de acordo com as nossas aptidões naturais.
- Suportar as vicissitudes da vida com paciência e resignação, tendo em vista que uma felicidade mais sólida e mais durável existe na vida espiritual.
- Enfrentar com coragem as misérias da existência material, sabendo que Deus ajuda quem sofre; que as tribulações da vida são provas ou expiações; e que existem recompensas para as almas que souberem suportar os sofrimentos da vida sem queixas e esforçando-se para progredir.
- Ter firmeza e perseverança no atendimento do objetivo da vida, obtendo o progresso moral e intelectual que aproxima a alma da sua perfeição espiritual.
- Usar o poder da inteligência para enfrentar e sair das dificuldades e para melhorar as próprias condições de vida.

- Empregar com bom-senso os esforços persistentes que vencem as lutas e as adversidades da vida.
- Reparar quaisquer erros cometidos, evitando que os desequilíbrios decorrentes se convertam em longos transtornos para a alma.
- Aprimorar o uso das faculdades, fazer o bem e praticar as virtudes, pois geram méritos que garantem uma vida melhor no além-túmulo.
- Ter submissão à vontade do Criador, que é todo saber, bondade e justiça e quer que Seus filhos conquistem o progresso que os torna felizes.

BEM SOFRER NA VIDA PRESENTE PARA SER FELIZ NA VIDA FUTURA

11

ALLAN KARDEC PUBLICOU, NO Capítulo V de *O Evangelho segundo o Espiritismo*, a mensagem do espírito Lacordaire, escrita em Havre, em 1863, que nos ensina a bem sofrer, isto é, a suportar as provas da vida terrena com coragem, bom ânimo e fé na bondade do Criador, pois as provações se prestam à elevação e felicidade da alma.

O Pai Eterno jamais coloca um fardo pesado sobre ombros fracos. Cada fardo está sempre condizente com as forças daquele que o carrega.

Além disso, Deus recompensa os que enfrentam com bom ânimo, serenidade, paciência e resignação as tribulações, dores e contrariedades da vida. Com isso, tiram delas conhecimentos, experiências e lições valiosas para o crescimento espiritual e moral.

As provas difíceis que enfrentamos na vida se prestam ao desenvolvimento das qualidades nobres da alma, quando bem suportadas. Elas exercitam, fortificam e desenvolvem as faculdades, permitindo a ascensão na hierarquia verdadeira.

Dessa forma, as provações podem ser comparadas às lutas enfrentadas por um soldado num campo de batalha. Elas são ferrenhas, impondo amarguras, mas a alma que consegue vencê-las adquire qualidades superiores. Por isso, devem ser enfrentadas adequadamente, principalmente com o emprego das virtudes da coragem, fé, firmeza, paciência, perseverança e submissão à vontade de Deus.

A vitória nesse campo de batalhas garante a promoção, satisfação, alegria e felicidade.

Quando o espírito vitorioso retorna à vida espiritual, entra no gozo das bem-aventuranças lá existentes. Então, as lutas e aflições bem suportadas ficam para trás. A lembrança dos maus momentos vividos na jornada terrena perde o seu peso e a sua importância.

Em corroboração a esses ensinamentos está ainda a mensagem "O mal e o remédio", do espírito de Santo Agostinho, a qual Allan Kardec publicou naquele mesmo capítulo acima mencionado:

As provas da vida derramam lágrimas pungentes, impõem penas amargas, originam dores agudas e causam sofrimentos profundos. Mas nada representam perante a eternidade de glória que está reservada para a alma que consegue passar pelas vicissitudes da vida com fé, amor e resignação.

Deus preparou para os Seus filhos, na vida espiritual, consolações que apagam os reflexos dos males enfrentados e suportados com coragem durante a vida corporal.

Com essas lições, fortalecemos a nossa disposição perante as lutas, o que nos permite operar no sentido de obter a vitória.

Além disso, as provas da vida material são escolhas feitas por nós mesmos antes da reencarnação. Na ocasião, acreditávamos bastante fortes para suportá-las. Então, agora, perante a batalha, não temos motivos para a revolta ou reclamação, e, muito menos, para a desistência, porque se trata de oportunidade para obtermos a glorificação, se dela sairmos vitoriosos.

Importa, portanto, enfrentarmos bravamente as batalhas ou provas da vida escolhidas livremente por nós mesmos. São lutas evolutivas difíceis, mas que nos darão as glórias dos vencedores.

Em outras palavras: importa não cairmos na insegurança, covardia ou desânimo, quando estivermos enfrentando as ameaças ou os males físicos e morais. Enfrentando-os com disposição, firmeza, serenidade e confiança em Deus e em nós mesmos, alcançaremos a vitória, merecendo as glórias.

Saindo vitoriosos ao término da nossa jornada terrena, nossa alma se verá liberta do corpo material com brilhante brancura e purificada pelas provas e tribulações enfrentadas e vencidas com louvor.

Quando a alma retorna triunfante à vida espiritual, vê descortinar para si novos horizontes. Então, desfruta de boas condições de vida, ao ter deixado para trás os sofrimentos e amargores que foram enfrentados com sucesso.

A alma que agiu corretamente ao praticar o bem durante a árdua jornada terrena leva a paz na consciência. Então, seu bem-estar não é perturbado nem pela lembrança dos momentos de aflições, nem pela recordação das dores e sofrimentos dos dias sombrios suportados com nobreza espiritual. Pelo contrário, cresce com a satisfação de tê-los vencido com coragem, fé em Deus e perseverança no bem.

12 A FELICIDADE VERDADEIRA

A FELICIDADE VERDADEIRA É um apanágio da alma purificada pelas provas, missões e lutas da vida.

Por estar na alma, essa ventura não fenece com a morte do corpo material. Ela acompanha a alma em seu retorno à vida verdadeira, garantindo-lhe a perenidade do bem-estar.

A grandeza dessa felicidade está descrita com precisão nas mensagens "A felicidade não é deste mundo", do espírito François-Nicolas-Madeleine, cardeal Morlot, escrita em Paris, em 1863; e "A infelicidade real", escrita pelo espírito Delphine de Girardin, em Paris, em 1861.

Ambas foram publicadas por Allan Kardec no Capítulo V de *O Evangelho segundo o Espiritismo,* contendo as seguintes lições valiosas:

- Nem a fortuna, nem o poder, nem mesmo a florescente juventude têm condições de propiciar a felicidade verdadeira, porque, na Terra, cada um tem a sua parte de trabalho e de miséria, seu lote de sofrimentos e de decepções.
- O homem se engana ao crer que a Terra é a única morada exis-

tente no universo; ao pensar que somente nela, e em uma única existência, pode alcançar um alto grau de felicidade.

- O planeta Terra é ainda um mundo de provas e expiações. Não reúne, por isso, as condições necessárias para propiciar uma felicidade completa.
- A felicidade na Terra é efêmera. Aquele que não consegue se guiar pela prudência, após experimentar um período de completa satisfação, pode passar o resto de sua existência terrena experimentando uma série de amarguras e decepções.
- No universo existem moradas mais favoráveis que a Terra para propiciar a felicidade verdadeira. São belos planetas superiores, onde o espírito desfruta a plenitude das alegrias da vida.
- Por isso, o homem deve empregar os seus esforços e as suas boas tendências no sentido de se purificar e se aperfeiçoar, visando à conquista da valiosa recompensa de poder habitar um mundo mais feliz que a Terra.
- A Terra somente terá condição de oferecer a felicidade verdadeira, quando tiver conquistado novos progressos; experimentado aprimoramentos sociais; tido novos avanços gerais; e se preparado para receber as novas gerações mais evoluídas.
- Por ora, a felicidade verdadeira só pode ser apreciada pelo homem que se transportar para além desta vida terrena e ver que na vida espiritual encontrará os resultados dos bons atos praticados durante a sua existência corporal.
- O homem que experimenta a infelicidade decorrente das lutas evolutivas terrenas, em sua curta visão da vida, tem dificuldades para perceber que ela cessará de existir após a morte do seu corpo material.
- Por isso, é importante que o homem se liberte da alegria frívola, do prazer nefasto e da ilusão da fama; não busque a agitação vã, nem a louca satisfação da vaidade, pois calam a consciência, comprimem a ação do pensamento e confundem o entendimento da vida futura.

- O homem deve enfrentar os combates da vida com coragem e fé no futuro. Assim, conquista as glórias do progresso moral e intelectual. Então, quando sua alma estiver liberta da matéria entrará no radiante reino celeste, onde encontrará a felicidade verdadeira.

Portanto, em função dessas lições, devemos ter em mente a conquista da felicidade verdadeira, que é preparada e edificada na vida terrena. Devemos estar conscientes das verdades espirituais acima descritas para persistirmos na busca da felicidade que só vai ser alcançada com um trabalho de longo prazo.

A felicidade verdadeira, como vimos anteriormente, não é encontrada na posse das coisas materiais que oferecem poder e conforto, nem no gozo da satisfação propiciada pela abundância do dinheiro e pela ganância na acumulação das riquezas materiais. Ela não surge também com a grande quantidade de recursos materiais reunidos com egoísmo e avareza.

A felicidade verdadeira está na alma. Decorre dos progressos intelectuais e morais conquistados com os esforços perseverantes para domar as tribulações da vida; da qualidade de vida que é propiciada pelos méritos morais e espirituais adquiridos com o trabalho honesto; dos resultados decorrentes dos empreendimentos nobres que beneficiaram a muitos; das vitórias obtidas com o emprego da sabedoria, coragem, paciência, serenidade, amor e confiança em Deus e em si mesmo; da força de vontade bem empregada na edificação, com a visão ampliada da obra de Deus, de um futuro cada vez melhor.

É dessa forma que desfrutamos, onde quer que estejamos, da felicidade verdadeira.

A FELICIDADE CONQUISTADA COM O CUMPRIMENTO DAS MISSÕES, PROVAS E/OU EXPIAÇÕES

13

Allan Kardec, em diversas questões de *O Livro dos Espíritos,* ensinou-nos que o espírito vem à vida terrena, pelos desígnios de Deus, para cumprir missões, enfrentar provas ou passar por expiações dos erros cometidos em existência passada. Assim, dá prosseguimento à jornada evolutiva que o leva à perfeição espiritual.

Nesse contexto em que o espírito está inserido pela vontade do Criador de todas as coisas, tem o dever de se instruir, aperfeiçoar e elevar, para se aproximar da perfeição que o permite desfrutar da felicidade imperecível.

Passando, incontáveis vezes, por diferentes situações na experiência terrena, o espírito vai conquistando seu progresso intelectual e moral. Assim, melhora suas condições de vida e se torna cada vez mais próspero e feliz.

Em *O Livro dos Espíritos,* aprendemos as seguintes lições sobre as missões, provas e expiações que devemos suportar com coragem e bom ânimo para ampliar a consciência sob o contexto em que estamos inseridos e cumprir as responsabilidades que nos cabem para evoluir e acumular méritos:

1. Antes da reencarnação, o espírito entrevê o que lhe falta para progredir e ser feliz. Então, busca os meios para atingir a sua meta. (Questão 231.)
2. O espírito reencarna com o desejo de se melhorar para ser digno da felicidade que existe em mundos superiores ao que habita. Então, submete-se à encarnação para poder melhorar suas condições de vida. (Questão 232.)
3. Quando está na vida espiritual, o espírito julga a sua felicidade de um modo diferente da do homem. Ele não tem o véu material a lhe obscurecer a inteligência. Está livre dos condicionamentos materiais e a sua vista e audição penetram as coisas espirituais. Então, tem uma noção da vida e da felicidade bem diferente da do homem. (Questões 237 a 248.)
4. O espírito encarna com a preocupação de seguir o caminho do bem e de se melhorar. Em função disso, escolhe o gênero de provas que deseja sofrer na nova existência material. (Questão 258.)
5. O espírito escolhe livremente a prova da riqueza ou da pobreza, para sofrer as lutas, vicissitudes e tribulações da existência material. Ao ter que se relacionar com outras pessoas em função da posição que escolheu surgem certas provas que testam o seu caráter e as suas tendências. (Questões 259 a 261.)
6. Quando o espírito cometeu erros graves em sua existência material anterior, Deus impõe-lhe uma nova existência corpórea que lhe seja proveitosa e lhe sirva para a purificação e o adiantamento. Trata-se de uma expiação. (Questão 262.)
7. Certos espíritos escolhem voluntariamente as provas que precisam suportar na experiência material ou que lhes sirvam de expiação. Geralmente, essas provas estão relacionadas com a natureza das faltas que cometeram em existências passadas. Com isso, buscam adiantar-se mais rapidamente. (Questão 264.)

8. Alguns espíritos escolhem uma vida de misérias e provações, para tentar suportá-las com coragem e resignação. (Questão 264.)
9. Outros espíritos experimentam as tentações da fortuna e do poder, sabendo que são perigosas pelo abuso e mau emprego que podem lhes dar. Eles pretendem enfrentar as lutas contra as paixões que podem desenvolver e testar as suas tendências no contato com os vícios. (Questão 264.)
10. Os espíritos escolhem provas penosas na existência material porque não estão sujeitos às ilusões materiais e a sua maneira de apreciar as coisas e de pensar é bem diferente da do homem. Eles sabem que os sofrimentos são passageiros; que precisam chegar mais depressa a um estado melhor para alcançar a felicidade inalterável e suprema que entrevê. Então, submetem-se corajosamente às vicissitudes da vida corpórea. (Questão 266.)
11. Um bom espírito pode escolher a missão de renascer no meio de selvagens para exercer sua influência sobre eles e os fazer avançar. Trata-se de uma missão difícil e cheia de sofrimentos visando beneficiar os semelhantes. (Questão 273.)
12. O espírito não perde a lembrança dos sofrimentos que suportou durante a sua última existência corpórea, ao cumprir suas missões, provas ou expiações. Assim, consegue avaliar os progressos realizados depois das lutas e desfrutar da felicidade que é mil vezes preferível aos prazeres efêmeros da vida na Terra. (Questões 311 a 313.)
13. Enfrentando as provas e trabalhando pela própria elevação intelectual e moral o espírito busca, com esforços próprios, atingir o destino glorioso que Deus lhe reservou. (Questões 334 e 335.)
14. Mesmo com as limitações e imperfeições do corpo material as provas ajudam o espírito em seu adiantamento. Os obstáculos

a serem vencidos aprimoram o emprego de suas faculdades. (Questão 335.)

15. Os espíritos que cometeram faltas não se livram de passar pela expiação dos erros cometidos em encarnações passadas. Então, são constrangidos a se unir a um corpo material e assumir uma posição na vida corporal que podem se tornar para ele um meio de castigo. (Questão 337.)
16. Ao escolher o gênero de provas a que vai se submeter na nova vida corporal, o espírito não sabe se vai vencer ou sucumbir. A incerteza do sucesso nas provas causa-lhe uma grande aflição. Ele sabe que elas poderão retardar ou favorecer o seu avanço, segundo as tiver bem ou mal suportado. (Questões 340 e 341.)
17. Depois de estar encarnado, o espírito pode achar que escolheu provas muito pesadas e acima de suas forças. Então, pode recorrer ao suicídio, agravando a sua situação espiritual. (Questão 350.)
18. Se durante o processo de encarnação, o feto não se desenvolver ou a criança não chegar a nascer, isso servirá de prova para os pais ou mesmo para o espírito que tinha a intenção de encarnar. (Questão 355.)
19. Se ocorrer o aborto provocado pela mãe ou por qualquer outra pessoa há o crime de tirar a vida da criança antes do seu nascimento, impedindo que a alma passe pelas provas que o corpo lhe serviria de instrumento. (Questão 358.)
20. Alguns espíritos escolhem encarnar em corpos defeituosos por prova ou expiação. Assim, sofrem o constrangimento e a impossibilidade de se manifestarem através de órgãos não desenvolvidos ou defeituosos. A expiação decorre do abuso que fizeram de certas faculdades em encarnações anteriores. (Questões 371 a 378.)
21. Se o espírito não conseguir resistir às provas que escolheu passar ou expiar as faltas cometidas em existências passa-

das, (e assim não apressar o seu adiantamento), pode ser arrastado a cometer novas faltas. Então, será punido naquilo em que pecou, estacionando em seu aperfeiçoamento. (Questões 398 e 399.)

22. Espírito algum recebe a missão de fazer o mal. Quando o faz é por sua própria vontade. Então, sofre as consequências. (Questão 470.)
23. O espírito encarnado conta sempre com a proteção do espírito protetor. Este o conduz para o bom caminho, ajuda com os seus conselhos, consola nas suas aflições e sustenta a sua coragem nas provas da vida. (Questão 491.)
24. O espírito tem sempre a missão de fazer o bem e de promover o seu progresso. Essa missão está sempre em acordo com a sua capacidade e elevação intelectual e moral. (Questões 569 e 571.)
25. Os bons espíritos encarnam com a missão de instruir os homens, ajudá-los a avançar e melhorar as suas instituições. Embora isso, todo espírito encarnado tem uma missão a cumprir na vida terrena, porque sempre pode ser útil em algum sentido. (Questão 573.)
26. Se o espírito fracassar no cumprimento de sua missão, tem que reiniciar a tarefa, sofrendo as consequências do mal que causar. Nisso está a sua punição. (Questão 578-A.)
27. A maternidade e a paternidade são missões que implicam em muita responsabilidade. Os pais têm a missão de dirigir os filhos para o caminho do bem. Se fracassarem, terão penas a sofrer, porque não fizeram o que lhes competia para o adiantamento dos filhos nas vias do bem. Se cumprirem a missão, terão os méritos por os terem desviado do mau caminho. (Questões 582 e 583.)
28. Alguns espíritos escolhem a prova de viver no meio dos vícios e dos crimes. Então, expõem-se às tentações. Assim conquis-

> tam méritos pela resistência ao mal, pela prática das virtudes e pelas boas influências que exercem sobre os semelhantes. (Questão 644 e 645.)

Portanto, é muito complexo o contexto de missões, provas e expiações a que estamos submetidos pelos desígnios de Deus.

Mas, conscientes da grandiosidade do objetivo que temos que alcançar, inseridos nesse contexto, aproveitamos as valiosas oportunidades para trabalhar e cumprir as metas estabelecidas por nós mesmos antes da encarnação visando progredir e conquistar a felicidade duradoura.

As lutas evolutivas, bem aproveitadas com a prática do bem, nos permitem crescer em sabedoria e amor. Então, avançamos rapidamente na hierarquia espiritual, aproximando-nos da conquista da perfeição e da felicidade inabalável.

14

A FELICIDADE DOS BONS ESPÍRITOS

ALLAN KARDEC, NAS QUESTÕES 100 a 115 de *O Livro dos Espíritos*, ensinou-nos que os bons espíritos são felizes porque compreendem Deus e sua obra; têm predomínio sobre a matéria; praticam o bem; e evitam o mal.

Portanto, esta é a fórmula da felicidade para os bons espíritos que estão encarnados ou desencarnados.

Mas, os bons espíritos precisam de muitas outras reencarnações para conquistarem a plena sabedoria, ciência, amor, bondade e qualidades morais que os une e que lhes é fonte de inefável felicidade.

Então, à medida que vão conquistando esses atributos, os bons espíritos se tornam mais felizes, ficando isentos dos tormentos e angústias da inveja, do ciúme e das más paixões.

Assim, gozam do bem-estar, da alegria e da felicidade duradoura.

Todavia, embora já tenham alcançado um estágio superior de vida, os bons espíritos precisam ainda conquistar a felicidade inalterável dos espíritos puros.

Para isso, precisam continuar se despojando das impurezas, com a conquista de maior progresso intelectual e moral, através das sucessivas reencarnações em mundos mais elevados.

Somente os espíritos puros, por sua vez, desfrutam realmente da felicidade suprema e eterna. Assim, encontram-se numa vida sem perturbações; tornaram-se os mensageiros, ministros e executantes das ordens de Deus; são felizes porque fazem o bem, são úteis aos outros e despertam a alegria e a felicidade naqueles que beneficiam.

Para exemplificar a felicidade dos bons espíritos, Allan Kardec publicou, em diversos artigos da *Revista Espírita* e principalmente na Segunda Parte do livro *O Céu e o Inferno ou a Justiça Divina segundo o Espiritismo*, os seguintes depoimentos dos espíritos que já desfrutavam de excelentes condições de vida no mundo espiritual.

Nesses depoimentos, constatamos que a felicidade é uma decorrência do cumprimento da jornada terrena com nobreza espiritual; da compreensão ampla de Deus; da possibilidade de apreciar os esplendores da obra da criação; do conhecimento da essência das coisas materiais e espirituais; da isenção de sofrimento físico e moral devido à elevação espiritual e a decorrente desmaterialização do perispírito; da satisfação íntima em apreciar o resultado de suas boas obras; das qualidades elevadas e dos méritos morais e espirituais que já conquistaram com o bom proceder; e do sentimento de amor que estabelece a união feliz com os outros bons espíritos:

> Obrigado, meu pobre corpo: tu purificaste o meu espírito e o sofrimento dez vezes santo me deu um lugar merecido...
>
> A gente se encontra num mundo onde tudo é alegria e grandeza. Não sentia mais, não me dava conta e, contudo, uma felicidade inefável me enchia. (Sr. Sanson.)

Minha felicidade atual consiste naturalmente na satisfação que me proporciona a lembrança do pouco bem que fiz, e na certeza do futuro que ele me promete.

Durante a vida, a agitação, a ansiedade, as angústias, mesmo em meio à fortuna; aqui, a tranquilidade e o repouso: é a calma da tempestade. (Sr. J...)

Como sou feliz! Não sou mais velho nem enfermo. Sou jovem e belo, belo dessa eterna juventude dos espíritos... Sou leve como o pássaro que em voo rápido atravessa o horizonte do vosso céu nebuloso e admiro, contemplo, bendigo, amo e me inclino, átomo, ante a grandeza, a sabedoria, a ciência de nosso Criador, ante as maravilhas que me rodeiam. (Dr. Demeure.)

Estou feliz, muito feliz, porque tenho a consciência de ter bem vivido! (Joseph Méry.)

O belo, o infinito, o impalpável, todos os mais puros sentimentos, eis o apanágio dos que desprezam os tesouros humanos, querendo marchar na via santa do bem, da caridade e do dever. Tenho minha recompensa e sou muito feliz... Sou alegre, contente, cheia de vivacidade. (Ernestine Dozon.)

Procuro instruir-me, faço o bem e minha atividade visa o progresso moral. Minha vida se passa na esperança de atingir uma felicidade maior. (Sra. Reynaud.)

15

A FELICIDADE COM A OBSERVÂNCIA DAS LEIS MORAIS

Allan Kardec, na Terceira Parte de *O Livro dos Espíritos*, conscientizou-nos acerca das leis morais que devemos observar para progredir na hierarquia espiritual e aproximar da felicidade imperecível.

O resumo apresentado a seguir orienta-nos quanto ao modo indispensável de cumprimento dessas leis:

1. A lei de Deus é perfeita, eterna e imutável. Sua observância é imprescindível para a conquista da felicidade. (Questões 614 a 616.)
2. A lei de Deus nos indica o que devemos fazer. Se afastarmo-nos dela tornamo-nos infelizes. (Questões 614 a 616.)
3. As leis morais dizem respeito às relações do homem com Deus e com os seus semelhantes. Elas abrangem a vida da alma no corpo material e no mundo espiritual. (Questão 617-A.)
4. A lei de Deus está escrita na consciência do homem. Ele a compreende segundo o grau de perfeição que já tenha atingido. O espírito traz, portanto, para a sua existência corporal essa Lei em forma de lembrança intuitiva. (Questões 620 e 621.)
5. Alguns espíritos superiores encarnam na Terra com a missão

de lembrar aos homens a lei de Deus e fazer a humanidade progredir com suas obras e exemplos. Eles tornam-se homens de bem, reconhecidos pelas suas palavras e ações. (Questões 621-A a 624.)

6. Jesus foi o tipo mais perfeito oferecido por Deus para servir de guia e modelo para as condutas morais do homem. Ele é o tipo de perfeição moral. Sua doutrina é a mais pura expressão da lei de Deus. (Questão 625.)
7. A moral funda-se na observância da lei de Deus. Ela é a regra da boa conduta. Permite a distinção entre o bem e o mal. O homem observa a lei de Deus quando pratica o bem e tudo faz para o bem dos semelhantes. Portanto, fazer o bem é estar de acordo e em conformidade com a lei de Deus. Fazer o mal é infringir essa lei. (Questão 630.)
8. O homem faz o bem ao observar o ensino de Jesus: fazer ao outro o que quer que ele lhe faça. Está é a regra do bem viver. (Questão 632.)
9. Se o homem transgredir a lei de Deus, é punido com o sofrimento. Observando-a, evita muitos males para si mesmo. (Questão 633.)
10. A alma do homem assegura para si uma boa situação na vida futura quando faz o bem no limite das próprias forças. Caso contrário, torna-se responsável até pelo mal decorrido por causa do bem que deixou de fazer. (Questão 642.)
11. Todo homem consegue fazer o bem em suas relações com os semelhantes, se fugir do egoísmo. Para isso, basta-lhe ser caridoso e útil ao próximo, sempre que necessário. (Questão 643.)
12. Nas relações do homem com Deus, as boas ações são a melhor prece. Os atos valem mais do que as palavras. Deus abençoa quem pratica o bem e ampara os pobres e aflitos. (Questões 661 a 673.)
13. O homem tem o dever e a necessidade de cumprir com res-

ponsabilidade e honestidade a lei do trabalho. Este aperfeiçoa a sua inteligência, supre as suas necessidades, promove o progresso, dá-lhe a oportunidade de ser útil e de fazer o bem ao próximo na proporção do desenvolvimento de suas faculdades. Porém, dedicando-se ao trabalho, o homem não deve descuidar do repouso e da reparação das forças do corpo material. (Questões 674 a 685.)

14. A lei da reprodução deve ser cumprida com a afeição entre os dois seres que se unem. Ela permite que espíritos voltem à vida corporal para se aperfeiçoar em novos corpos materiais, tornando assim a maternidade e a paternidade elevadas missões. (Questões 686 a 701.)
15. A lei de conservação deve ser cumprida com a busca dos meios necessários para se viver bem. Envolve a preservação da energia e da saúde do corpo para poder trabalhar; o contentamento com o necessário para satisfazer as necessidades; e a fuga do egoísmo, excessos, desperdício, supérfluo e vícios que prejudicam o bem-estar. O homem sensato procura a sua felicidade nas coisas positivas e sérias; no uso que faz da razão para enfrentar as provas da vida com abnegação, coragem e paciência; no emprego de sua inteligência para sair das dificuldades; e no desenvolvimento do senso moral que o permite agir com sentimento de caridade, solidariedade e desejo de fazer o bem aos outros. Assim se preserva da autodestruição. (Questões 702 a 727.)
16. A lei de destruição visa tudo transformar, renovar e melhorar na natureza. Porém, a destruição do corpo material não atinge o espírito, que é o ser inteligente, pensante e essencial. Ele preexiste ao corpo e sobrevive a tudo. Com a morte, o espírito perde apenas o seu envoltório material e passa a ver as coisas terrenas de outra maneira. Embora esteja sujeito à morte, o espírito encarnado tem o dever moral de procurar prolongar a

sua existência física, cumprindo a lei de conservação, para vencer as provas e aproveitar o tempo valioso que Deus lhe concedeu para promover o seu adiantamento intelectual e moral. Por isso deve prover sua alimentação, segurança e necessidade, sem abusar da destruição. Deve ainda precaver-se contra os flagelos destruidores, com sua inteligência, previdência e experiências; abolir as guerras, fazendo predominar a sua natureza espiritual sobre a animal; praticar a lei de Deus pela prática do bem e pelas boas realizações; e extirpar a criminalidade, crueldade, duelos e pena de morte com a educação que promove o desenvolvimento do senso moral. (Questões 728 a 765.)

17. A lei da vida em sociedade deve ser cumprida com a educação e a assimilação das boas influências e dos bons exemplos que recebe. Vivendo em sociedade, o espírito aprende a usar melhor suas faculdades; reforça os laços de família; alcança o progresso comum; atende ao dever moral de ser útil ao próximo; aprende a praticar a lei de amor e caridade; e conta com a ajuda mútua no contato com os outros para a obtenção do bem-estar. Observando as leis morais, o homem melhora a convivência e as relações com os semelhantes. (Questões 766 a 775.)
18. A lei do progresso age no sentido de levar o espírito à perfeição. O contato social é o meio que o espírito dispõe para conquistar o incessante desenvolvimento intelectual e moral e para melhorar as suas condutas. Para isso, ele conta, durante a encarnação, com a ajuda e os exemplos dos espíritos mais adiantados que implantaram o progresso. À medida que o espírito progride distingue melhor o bem do mal e emprega o seu livre-arbítrio com responsabilidade. É a lei do progresso que permite ao espírito crescer em inteligência e moralidade, até que essas duas forças se equilibrem. Mas, o avanço no progresso moral depende que ele vença dois grandes obstáculos: o orgulho e o egoísmo. A superação desses obstáculos depende

da compreensão de que, além do gozo dos bens terrenos, existe uma felicidade infinitamente maior e mais durável, decorrente da prática das virtudes e das regras de civilização. O espiritismo tem a missão importante de ajudar o homem na conquista do progresso moral que o torna feliz. (Questões 776 a 802.)

19. A lei de igualdade decorre do princípio de que todos os espíritos foram criados iguais e estão igualmente situados perante as leis de Deus. Eles foram criados simples e ignorantes por Deus, mas perfectíveis, e estão submetidos às mesmas Leis. As desigualdades temporárias existem porque: cada espírito vive há mais ou menos tempo, desde o momento da sua criação por Deus; as aptidões de uns e de outros foram adquiridas com o uso que fizeram da vontade e do livre-arbítrio no decorrer do seu tempo de existência; uns já adquiriram mais conhecimentos, experiências, progressos, aquisições e aptidões que outros, em função de seus trabalhos, esforços, ocupações e atividades; cada um usa de modo diferente as suas faculdades e colhe os resultados disso; todos os espíritos estão submetidos, pela lei do progresso e da reencarnação, ao aperfeiçoamento em termos intelectuais e morais para caminharem para a perfeição espiritual. Desse modo, temporariamente, há diversidade no grau de aperfeiçoamento de cada um. Mas, Deus permite que espíritos de diferentes ordens estejam em contato entre si para a transmissão de conhecimentos e experiências, sendo que os mais adiantados ajudam os ainda atrasados a progredir. Nesse contexto, o homem mais adiantado não deve abusar de sua posição social para oprimir os fracos. Se tornar os outros infelizes, renasce numa existência em que sofre um mal semelhante ao que fez os outros sofrerem. O homem não deve também abusar da sua posição de riqueza, nem lamentar a situação de pobreza que ocupar numa vida ter-

rena. São provas escolhidas pelos próprios espíritos, antes da encarnação, visando o aprimoramento das faculdades e a conquista da nobreza moral. Em função dessa lei de igualdade, tanto o homem, quanto a mulher são iguais perante as leis de Deus. Eles foram dotados da mesma faculdade intelectual e inteligência; fazem a mesma distinção entre o bem e o mal; e têm as mesmas faculdades para progredir. Assim, devem se ajudar mutuamente nas provas da vida, que os permitem evoluir. (Questões 803 a 824.)

20. Os espíritos não gozam da liberdade absoluta, porque uns necessitam dos outros e têm direitos alheios a respeitar. Na condição de homem, a supremacia de um sobre o outro deve ser exercida no sentido de elevar aquele que está em condição de subordinação, e não de embrutecê-lo com atos de violência. Quanto à liberdade de crença, só é aceitável aquela que conduz o homem à prática da lei de amor, justiça e caridade. Portanto, o homem só desfruta da liberdade de fazer o bem e difundir a fraternidade. Ele perde a sua liberdade de ação se fizer mal uso da vontade, livre-arbítrio e faculdades, ao cometer crimes e agir sem prudência e responsabilidade. Por isso, ante as provas morais, o homem deve usar sempre com dignidade a sua liberdade de escolha para criar um destino feliz para si mesmo e para os outros. Se realizar más ações, sofrerá as consequências sob a forma de infelicidade, porque jamais se isenta da responsabilidade do mal que fizer. Por isso, deve usar bem a sua liberdade de ação para vencer as provas morais, buscar a elevação, purificação, instrução e educação moral que o permite combater e resistir às más tendências. (Questões 825 a 872.)
21. A observância da lei de justiça, amor e caridade torna o homem feliz. Ele a cumpre quando "faz aos outros o bem que quer que os outros façam para si". Assim, conserva a consci-

ência em paz e cria um destino feliz tanto na vida presente, quanto para a vida futura. Praticar essa lei compreende: eliminar as misérias ocultas; preservar a existência corpórea do semelhante; superar o egoísmo e a satisfação pessoal em acumular bens materiais em detrimento do respeito aos direitos alheios; realizar o trabalho honesto que beneficia o semelhante e promove o progresso de todos; ser benevolente, indulgente e misericordioso nas relações humanas; perdoar os inimigos, pagando-lhes com o bem o mal recebido; assegurar a existência dos que não podem trabalhar e suprir as suas necessidades; cumprir o dever de amor aos pais e aos filhos. (Questões 873 a 892.)

22. A busca da perfeição moral se dá pela prática do bem que abre a porta para a felicidade imperecível. O homem de bem é aquele que se dedica à pratica das virtudes e avança na trilha do bem; sacrifica o interesse pessoal para beneficiar o próximo; age de modo desinteressado, revelando espírito de fraternidade e solidariedade; ajuda o próximo a se tornar feliz; combate em si mesmo o egoísmo que é a fonte dos vícios e de muitos males; exemplifica a prática da caridade, que é a fonte das virtudes. Assim, assegura para si mesmo a felicidade tanto neste mundo, quanto na vida futura. (Questões 893 a 919-A.)

Essas são as valiosíssimas lições do espiritismo acerca das leis morais. Observando-as, temos um guia seguro que nos leva às boas atitudes e ações no cotidiano. Desse modo, alcançamos o progresso e a felicidade duradoura.

16

A FELICIDADE PELA PRÁTICA DO PERDÃO

A PRÁTICA DO PERDÃO é ato moral elevado em resposta aos inimigos que nos ofenderam, caluniaram, agrediram ou prejudicaram, impondo perdas ou danos físicos, mentais, morais e espirituais.

Sabendo tratar com bondade e misericórdia os inimigos, tiramos de nossa alma o peso da tristeza, amargura, revolta, ódio e desejo de vingança.

Além disso, ao não carregarmos na alma os transtornos promovidos pela mágoa, ressentimento, rancor e ideia fixa nos acontecimentos constrangedores, conservamos o equilíbrio, serenidade, calma, paz na consciência e bem-estar.

Ao praticarmos o perdão, colocamos em ação a seguinte lição de Jesus:

> Perdoar as ofensas recebidas para serdes perdoados pelo Pai celestial em vossos pecados. (Mateus, Cap. 6:14 - 15.)

Dessa forma, é perdoando os erros cometidos pelos nossos semelhantes que fortalecemos a nossa aliança com Deus e merecemos a Sua consideração e misericórdia.

Reafirmando: cumprindo o dever moral do perdão eliminamos do coração a insatisfação, revolta, maus sentimentos, pensamentos rancorosos e a intenção nefasta de revidar as ofensas recebidas. Além disso, merecemos as bênçãos de Deus.

De fato, só o perdão tem a capacidade de nos libertar dos inimigos e nos aproximar de Deus. Ele deixa para trás o fato constrangedor ocorrido e nos faz o bem ao tirar da nossa alma o melindre, a lembrança amarga e a recordação constante do momento desagradável.

Dessa forma, praticar o perdão é aproveitar a oportunidade de praticar o bem; é não gastar o tempo valioso arquitetando revide ou desgastando-se em excesso para exigir punição e sofrimentos para os inimigos. Devemos confiar em Deus e saber que a lei e a justiça farão a sua parte.

Então, com a prática do perdão sustentamos o equilíbrio emocional, a saúde, o bom funcionamento do sistema imunológico e a sintonia mental com Deus e os bons espíritos.

Portanto, cabe-nos sempre praticar o perdão através do entendimento, tolerância, misericórdia, benevolência e generosidade. Assim, não nos afastamos do caminho do progresso, sucesso, bem-estar e felicidade.

A prática do perdão atende ainda a seguinte recomendação de Jesus:

Fazer ao outro o que queremos que o outro nos faça.

Então, quem de nós não quer ser perdoado quando erra? Quem de nós não gosta de merecer a compaixão alheia quando comete uma atitude ou um ato infeliz?

Em complemento, Allan Kardec, no Capítulo X: Bem-aventurados os que são misericordiosos, de *O Evangelho segundo o Espiritismo*, nos legou as seguintes lições sobre o perdão:

- O esquecimento das ofensas recebidas é próprio da alma nobre e elevada que está acima dos golpes desferidos contra ela.
- O homem torna-se infeliz quando diz "nunca perdoarei", porque carrega um peso na alma.
- O perdão nos liberta dos inimigos, até mesmo dos desencarnados, garantindo-nos a tranquilidade na vida presente e futura.
- Deus não permite que quem perdoa seja alvo da má ação de um inimigo encarnado ou desencarnado.

Portanto, exercitar o perdão no cotidiano é dar prova de já ter adquirido sabedoria, bondade, maturidade espiritual, controle emocional e mental, capacidade de reconciliação e esquecimento das ofensas recebidas.

Em favor ainda do benefício da prática do perdão para a vida futura, temos o seguinte depoimento do espírito Samuel Philippe, - um homem de bem em toda a acepção do termo, publicado por Allan Kardec no capítulo Espíritos Felizes, do livro *O Céu e o Inferno*:

> Sabeis de quantas tribulações foi cheia a minha vida.
>
> Mas, jamais me faltou a coragem na adversidade, graças a Deus! E hoje me felicito por isso. (...)
>
> Oh, meus amigos! Pudésseis compenetrar-vos bem desta verdade: ela interessa à vossa felicidade futura.
>
> Não, certamente não é pagar muito caro por essa felicidade com alguns anos em face de sofrimento!
>
> Se soubésseis como são poucos alguns anos em face do infinito! (...)
>
> Oh, vós que me fizestes sofrer na Terra, que fostes duros e maldosos para comigo, que me humilhastes e me cobristes de amargura, cuja má-fé frequentemente me levou às mais ásperas privações, eu não só vos perdoo, mas vos agradeço!

Querendo fazer-me o mal, não suspeitáveis que na verdade me fazíeis o bem.

Dessa maneira, é a vós que devo em grande parte a felicidade que hoje desfruto, porque me proporcionastes a ocasião de perdoar, retribuindo o mal com o bem.

Deus vos pôs no meu caminho para provar a minha paciência e me exercitar na prática da caridade mais difícil: a de amar aos nossos inimigos.

17
A FELICIDADE NA VIDA EM FAMÍLIA

NÃO EXISTE FELICIDADE PESSOAL sem que haja uma vida em família marcada pela satisfação de amar e de ser amado; pelos momentos de alegria, confiança, segurança, descontração e entretenimento desfrutados junto dos familiares queridos; e pelos progressos realizados com a participação dos entes queridos no trabalho, estudo e esforço incessante para o cumprimento das tarefas e missões dentro e fora do lar.

Efetivamente, a felicidade na vida em família decorre de:

- Vencer as necessidades, dificuldades e problemas, principalmente os inesperados, com decisões sábias e previdentes, notadamente conciliando os interesses antagônicos.
- Eliminar de imediato os conflitos e as brigas que são prejudiciais ao bom relacionamento e à convivência amorosa que devem existir entre os familiares. Caso contrário, eles podem levar, inclusive, à separação dos cônjuges, com impacto nefasto na criação e educação dos filhos.
- Cuidar do trabalho, estudo, profissionalização, qualificação, capacitação e especialização profissional, que são fontes das rendas e do dinheiro que sustentam o lar e propiciam condições

dignas de vida. O atendimento das necessidades materiais da família dever ser obtido com recursos financeiros ganhos com o trabalho honesto, realizado com o bom emprego das faculdades da alma.

- Respeitar a igualdade entre os sexos, defendendo-a a partir do reduto doméstico. Isto significa não cometer discriminação, privilégio, favorecimento, dominação, preconceito e falsa superioridade de um sexo sobre o outro. O espiritismo nos ensina que o espírito não tem sexo. Pode reencarnar num corpo masculino ou feminino dependendo de suas provas, missões, experiências a adquirir ou expiações a cumprir. O homem e a mulher têm, em decorrência disso, o dever moral de se amarem, de se respeitarem e de se ajudarem mutuamente nas lutas evolutivas que são enfrentadas a partir da vida em família.
- Administrar as exigências da vida moderna, reservando tempo e atenção para os entes queridos, principalmente às crianças e aos idosos, notadamente quando estes têm limitações físicas ou mentais.
- Superar com sabedoria, bom-senso e esforços persistentes as crises aflitivas que podem surgir com o desemprego, ingratidão, inimizade, delinquência, enfermidade, acidente, perda de um ente querido, deformidade, etc. Assim é possível a manutenção a longo prazo de um ambiente familiar bem estruturado.
- Fugir do tabagismo, alcoolismo, drogas, gula, jogos e desvirtuamento da sexualidade, etc, pelas suas sérias consequências, tornando-se bons exemplos dentro do lar.
- Eliminar o desperdício dentro da família, contendo os gastos por impulso, aproveitando as sobras de alimento, doando as roupas e coisas sem uso e não permitindo que medicamentos vencidos ou utensílios fiquem encostados no armário. Eles representam dinheiro mal empregado que reduzem o padrão de vida dos perdulários.

- Recorrer à profilaxia médica, moral e espiritual antes que as doenças e os desequilíbrios íntimos, mentais e psicológicos apareçam e se estabeleçam em algum familiar. Depois disso, a gravidade da enfermidade torna o tratamento mais difícil, gerando aborrecimento, preocupação e incerteza dentro de casa.
- Discutir com sabedoria e respeito as ideias e opiniões divergentes e conflitantes. As conversas sobre política, religião, sexualidade, aborto, endividamento, eutanásia, criminalidade e condutas polêmicas precisam ser bem conduzidas, empregando a moderação, para que não haja desgaste na comunicação e confrontos entre os entes queridos.
- Transformar o lar em uma escola permanente de aprimoramento das faculdades da alma. Nela, a educação deve ser integral: mental, intelectual, moral, religiosa, sentimental, emocional, sexual e comportamental. Então, cada membro da família consegue elevar o seu modo de ser, sentir, pensar, falar e agir, espalhando no lar e fora dele os bons resultados disso.
- Persistir na prática das atitudes e condutas virtuosas. Os bons exemplos dos pais estimulam a adoção das ações sábias, amorosas e positivas em todos os entes queridos, repercutindo dentro e fora do lar.

COMO APLICAR AS LEIS DE DEUS NA VIDA EM FAMÍLIA

Entre os dez mandamentos da lei de Deus encontram-se três que são indispensáveis à obtenção da felicidade na vida em família:

> Honra teu pai e tua mãe.
> Não cometerás adultério.
> Não desejarás a mulher, nem as coisas do teu próximo.

Não há felicidade, sem o exercício desses mandamentos a partir do próprio lar.

Especificamente sobre o mandamento *Honra a teu pai e a tua mãe*, Allan Kardec legou-nos as seguintes orientações, no Capítulo XIV de *O Evangelho segundo o Espiritismo*:

> O mandamento "Honra a teu pai e a tua mãe" é uma consequência da lei geral da caridade e do amor ao próximo, porque não se pode amar ao próximo sem amar aos pais.
>
> Os filhos devem tomar como regra de conduta para com os pais os preceitos de Jesus referentes ao próximo e lembrar que todo procedimento condenável em relação aos estranhos, mais condenável se torna para com os pais.

LIÇÕES DE JESUS QUE TORNAM FELIZ A VIDA EM FAMÍLIA

O culto do evangelho no lar permite que os membros da família aprendam a colocar o amor a Deus acima de todas as coisas, e a praticar o amor ao próximo, em decorrência da fraternidade universal.

O amor a Deus se exterioriza através da confiança em Sua sabedoria, bondade, justiça e misericórdia; da prece de gratidão pelas bênçãos concedidas e desfrutadas na vida; do cultivo da religiosidade para manter a ligação com o Pai celestial em todos os momentos da vida; da observância das Suas leis sábias e justas para obter a felicidade através da prática do bem, realização das boas obras, aplicação das virtudes em todas as circunstâncias da vida e manutenção de condutas morais elevadas e dignas que glorificam o Pai de todas as coisas e permitem a colheita de bons resultados.

Por isso, o espírito Emmanuel nos ensina, através da psicografia de Chico Xavier:

> Onde o amor se faz presente aí está Deus. E onde Deus está nada falta, para que sejas feliz. (Mensagem "Aprendizado de amor", contida no livro *Seara de fé*, Edição IDE.)

Exteriorizamos o amor ao próximo, ensinado e exemplificado por Jesus, com a prática da caridade por pensamentos, palavras e atos, a partir do próprio lar. Por isso, Allan Kardec nos ensinou o seguinte, no Capítulo XI de *O Evangelho segundo o Espiritismo*:

> Amar ao próximo como a si mesmo; fazer aos outros como quereríamos que nos fizessem, eis a expressão mais completa da caridade, porque ela resume todos os deveres para com o próximo.

LIÇÕES SOBRE COMO GERIR A VIDA EM FAMÍLIA, EXTRAÍDAS DE *O LIVRO DOS ESPÍRITOS*

Allan Kardec, em *O Livro dos Espíritos*, legou-nos as seguintes lições que nos ensinam a agir adequadamente na vida em família para obter o progresso e a felicidade:

- Ter disciplina e responsabilidade no cumprimento das leis de conservação, reprodução e vida em sociedade.
- Cumprir com dedicação e abnegação a missão da maternidade ou da paternidade.
- Conscientizar os familiares sobre a importância de satisfazer as necessidades materiais com observância dos valores morais e espirituais.
- Cada membro da família deve ter sempre em mente o verdadeiro objetivo da passagem de sua alma pela vida corpórea: adquirir conhecimentos e experiências de vida, desenvolver as faculdades e potencialidades da alma e avançar no progresso intelectual e moral para ser feliz.

- Transformar os laços materiais em laços espirituais, com a prática do amor, das virtudes e do bem nas relações familiares. Assim, a felicidade reina permanentemente no lar.

A FAMÍLIA NA VISÃO ESPÍRITA

As seguintes definições espíritas de família nos permitem tomar consciência do valor e das bênçãos que nos são concedidas, bem como das responsabilidades que nos cabem cumprir para obter o progresso e a felicidade a partir do reduto doméstico:

A família é a instituição onde devemos concretizar os nossos sonhos de amor, junto dos entes queridos. Amando, recebemos amor. Tornando os entes queridos felizes, com os nossos gestos de amor, desfrutamos da felicidade.

A família é a oficina de trabalho onde assimilamos os bons exemplos dos pais e familiares. Então, crescemos em conhecimentos e experiências, sentimentos e emoções, atitudes e ações. Os exemplos de trabalho que recebemos e obtemos dentro do lar são alicerces para a construção do progresso e da felicidade.

A família é o celeiro onde abastecemos as nossas necessidades materiais, religiosas, morais e espirituais. Com a boa base familiar alicerçada nas leis de Deus, temos as energias que nos permitem sustentar os esforços na conquista do progresso e do bem-estar.

A família é a escola onde aprendemos a praticar as artes difíceis da convivência e do relacionamento. Nessa escola nos habilitamos a sentir, falar e a agir de modo sempre conveniente para disseminar o bem e tornar os outros felizes, mantendo amorosas as relações.

A família é o laboratório onde estamos sempre aprendendo com as experiências realizadas, os acertos ou erros cometidos, as boas, más atitudes e ações praticadas. Nesse laboratório complexo, vamos enriquecendo a mente, aprimorando as qualidades, melhorando o uso das faculdades e enobrecendo o coração para conquistar sempre melhores condições de vida.

A família é a congregação na qual desfrutamos da oportunidade valiosa de transformar os laços consanguíneos em afinidades espirituais imperecíveis. Nela reunimo-nos com os companheiros queridos que irão nos acompanhar no voo da alma para a vida superior que existe nos mundos superiores e nas esferas espirituais elevadas.

DEFINIÇÕES DOS BONS ESPÍRITOS SOBRE A VIDA EM FAMÍLIA

Em diversos livros espíritas, os bons espíritos nos legaram as seguintes definições, que nos mostram os elos que ligam as almas reunidas numa mesma família.

Assim, essas lições nos estimulam a fortalecer sempre mais a prática do amor na vida familiar, para que haja a conquista do progresso verdadeiro e da felicidade imperecível:

> A família consanguínea é uma reunião de almas em processo de evolução, reajuste, aperfeiçoamento ou santificação.
>
> **(Espírito André Luiz, no livro *Nos domínios da mediunidade*.)**

> O colégio familiar tem suas origens sagradas na esfera espiritual. Em seus laços reúnem-se todos aqueles que se comprometeram, no Além, a desenvolver na Terra uma tarefa construtiva de fraternidade real e definitiva.
>
> **(Espírito Emmanuel, no livro *O Consolador*.)**

De todos os institutos sociais existentes na Terra, a família é o mais importante, do ponto de vista dos alicerces morais que regem a vida.

(Espírito Emmanuel, no livro *Vida e sexo*.)

Em família, temos aqueles que permanecem conosco para o nosso amor e aqueles que se demoram conosco para a nossa dor.

(Espírito Emmanuel, no livro *Cartas do coração*.)

Amarmo-nos, servindo uns aos outros, não de boca, mas de coração, constitui para nós todos o glorioso caminho de ascensão.

(Espírito Emmanuel, no livro *Vinha de luz*.)

Nossa família cresce à medida que crescemos com o amor.

Entreguemos nosso espírito à noção de imortalidade e guardemos nosso amor nas fibras mais íntimas, conscientes de que ele constitui a nossa felicidade indestrutível, agora e para sempre.

(Espírito Meimei, no livro *Cartas do coração*.)

No lar, temos o nosso mais valioso curso de abnegação e fraternidade.

E, quando praticamos o amor puro, com quem nos partilha a mesa e se entrelaça conosco, através do calor do mesmo sangue, então estamos inteiramente habilitados para seguir com Jesus no apostolado do bem à Humanidade inteira.

(Espírito Neio Lúcio, na mensagem "O Lar", recebida por Chico Xavier em 14 de dezembro de 1951, em Pedro Leopoldo, MG.)

RESUMO DAS PRINCIPAIS LIÇÕES SOBRE A FELICIDADE CONTIDAS NAS OBRAS DE ALLAN KARDEC 18

ALLAN KARDEC ESTIMULOU-NOS à conquista do progresso intelectual e moral, que nos leva a agir com sabedoria e amor em todas as circunstâncias da vida.

Assim, edificamos uma vida de sucesso e de felicidade plena.

Eis, a seguir, um resumo das principais lições de Allan Kardec, contidas em suas obras, que nos recomendam a busca do progresso. Elas já foram vistas, em outras palavras, nos capítulos anteriores; mas, agora, servem para nos relembrar como obter a prosperidade e o bem-estar imperecível:

PRATICAR ATOS ELEVADOS PARA EDIFICAR UM DESTINO FELIZ:

O cultivo dos atos religiosos e morais, ensinados e exemplificados por Jesus, nos leva à prática das boas ações.

Então, colocamo-nos em acordo e consonância com as leis de Deus.

O esforço que fazemos para elevar os atos exige, contudo, disposição, perseverança, coragem, esperança numa vida melhor, fé e submissão aos desígnios e vontades de Deus.

Ainda, para conseguirmos a elevação moral precisamos fazer bom uso da vontade e do livre-arbítrio; exteriorizar os bons hábitos que refletem o caráter digno que buscamos formar; e vencer as tribulações, dificuldades e situações adversas com atitudes nobres.

Assim, edificamos o progresso no cotidiano, garantindo a paz na consciência, o bem-estar e um futuro venturoso.

(Questões 625 a 647; 861 a 919-A; 924; e 933 a 941 de *O Livro dos Espíritos.***)**

SUPORTAR BEM AS PROVAS E TRIBULAÇÕES DA VIDA MATERIAL PARA OBTER O PROGRESSO E CHEGAR MAIS PERTO DA PERFEIÇÃO E DA FELICIDADE:

As provas que surgem na vida material são impostas por Deus ou foram escolhidas por nós mesmos, antes da reencarnação, visando obter o progresso intelectual e moral, que permite a ascensão de nossa alma na hierarquia verdadeira.

Assim, em cada nova encarnação temos provas e lutas evolutivas a enfrentar. Vencendo-as com coragem, paciência, resignação e bom emprego das potências da alma, obtemos o aprimoramento espiritual.

É dessa forma que crescemos em qualidades; progredimos em rumo do destino feliz que Deus determinou para a nossa alma.

(Questões 258 a 264 de *O Livro dos Espíritos.***)**

ENFRENTAR ADEQUADAMENTE AS EXPIAÇÕES DOS ERROS COMETIDOS EM EXISTÊNCIAS PASSADAS, PARA FICARMOS QUITES COM A JUSTIÇA DE DEUS E PODERMOS AVANÇAR NA CONQUISTA DE MELHORES CONDIÇÕES DE VIDA:

Deus permite-nos, numa nova existência corporal, a expiação e reparação das faltas cometidas em existências passadas. Com isso, nos livramos do "inferno eterno" e ficamos quites com a Sua justiça.

Essa é mais uma bênção de Deus e valiosa oportunidade de reeducação e reabilitação perante a vida.

Algumas expiações são dolorosas em função da gravidade dos erros cometidos, mas libertam-nos do passado nefasto e das consequências impostas pela lei de causa e efeito.

Beneficiados pela expiação e regeneração, voltamos a edificar o progresso que propicia melhores condições de vida e abre o caminho para a felicidade que tanto almejamos.

(Questões 273 e 372 de *O Livro dos Espíritos*.**)**

ELEVAR O MODO DE SER E AGIR PARA CONSTRUIR O SUCESSO E A PRÓPRIA FELICIDADE:

A elevação das características pessoais depende do esforço que fazemos para usar bem as faculdades, habilidades e aptidões; beneficiar o próximo com o trabalho honesto e responsável; cumprir a missão da paternidade ou da maternidade, educando e beneficiando os filhos; limitar os desejos, a ambição e as necessidades que nos condicionam à materialidade; observar a lei de Deus pela prática do bem; respeitar os direitos alheios no contato social; disseminar a fraternidade e a solidariedade, sendo útil ao próximo e melhorando a vida em sociedade; melhorar o convívio e o relacionamento com os familiares e semelhantes; e amenizar as provas, missões e expiações das pessoas que nos cercam.

Dessa forma, agimos sempre corretamente, conquistamos méritos morais e espirituais, progredimos na escala espiritual e conseguimos ser tão felizes quanto comporta a nossa existência neste plano material da vida.

(Questões 629 a 647; 679, 680, 767, 774; 817 a 822; 871; 920 a 922; 926, 928, 928-A, 930; 943 a 957 de *O Livro dos Espíritos.***)**

PRATICAR A LEI DE JUSTIÇA, AMOR E CARIDADE, EM TODA A SUA EXTENSÃO, PARA CHEGAR À FELICIDADE PLENA:

A prática da lei de justiça, amor e caridade coloca-nos em harmonia com os semelhantes, e leva-nos à conquista do progresso moral, da paz na consciência e da felicidade imperecível.

Praticando essa lei, tornamo-nos homens de bem. Além disso, aproximamo-nos da perfeição moral, construímos o progresso verdadeiro e desfrutamos de uma felicidade sólida e durável.

(Questões 873 a 876; 879 a 887; 893 a 913 de *O Livro dos Espíritos.***)**

ALMEJAR A FELICIDADE VERDADEIRA, QUE É AQUELA QUE PERMANECE NA ALMA MESMO APÓS O SEU RETORNO À VIDA ESPIRITUAL:

A felicidade verdadeira é adquirida com as qualidades morais. Ela decorre da prática espontânea das virtudes, em cumprimento dos deveres morais.

Ao realizarmos as boas obras com a alma fortalecida pelos valores e méritos espirituais, desfrutamos da felicidade imperecível onde quer que estejamos, pois preparamos para nós mesmos, com a prática do bem, uma situação venturosa edificada desde a vida terrena.

(Questões 959 a 964; 970 e 988 de *O Livro dos Espíritos*.)

PREPARAR A FELICIDADE PARA A VIDA FUTURA COM A PRÁTICA DO BEM NA VIDA PRESENTE:

A felicidade da nossa alma, na vida após esta existência, depende de termos:

- Agido em consonância com as vontades e leis de Deus, no cumprimento, com grandeza moral, das missões, provas ou expiações. (Questões 258 a 290 de *O Livro dos Espíritos*.)
- Vencido as más paixões que infelicitam os espíritos imperfeitos. (Questões 967 a 1009.)
- Realizado o bem com dedicação e edificado as boas obras com perseverança. (Questão 975.)
- Obtido a elevação moral que nos distingue perante a justiça. (Questão 967.)
- Incorporado na própria alma os princípios e valores morais que geram a sua felicidade. (Questão 1012.)
- Adquirido os méritos que a situam entre os bons espíritos. Estes estão ligados entre si pelos laços de amor que são fontes de felicidade suprema; pelo emprego proveitoso da inteligência e do saber; pelo cumprimento dos compromissos no campo do bem; e pelos benefícios que distribuem aos semelhantes. (Questões 967 a 1009.)
- Observado a lei do amor, que propicia suaves prazeres; é prelú-

dio das alegrias celestes; gera a paz na consciência; abre no coração a fonte das venturas; e elimina as máculas que interditam a entrada do espírito imperfeito no mundo dos espíritos felizes. (*O Evangelho segundo o Espiritismo*, Capítulos V, XI e XV.)

COMBATER O EGOÍSMO, QUE NÃO PERMITE O DESFRUTE DA FELICIDADE VERDADEIRA:

A felicidade verdadeira é aquela compartilhada com os outros. Portanto, nas atitudes e ações do espírito que é feliz não se vê qualquer vestígio de egoísmo.

Assim, os bons espíritos são felizes porque beneficiam os semelhantes com a prática desinteressada do bem que os torna felizes; e porque estabelecem entre si os laços fraternos de simpatia, comunhão de pensamentos, ideias, gostos e sentimentos. (*O Céu e o Inferno*, O Céu.)

Já os espíritos imperfeitos são infelizes porque não conseguem vencer o egoísmo. O egocentrismo os mantém distantes dos outros, da perfeição e felicidade plena.

Então, eles têm que se sujeitar ao cumprimento de trabalhos evolutivos até que adquiram os méritos que os permitem gozar de uma felicidade maior, condizente com o novo grau de adiantamento intelectual e moral conquistado.

(*O Céu e o Inferno*, As penas futuras.)

PERSEVERAR NA CONQUISTA DO PROGRESSO MORAL QUE ASSEGURA A FELICIDADE VERDADEIRA:

A felicidade verdadeira depende do esforço que o espírito faz para crescer em moralidade e na prática do bem.

Só o progresso intelectual não torna o espírito feliz, porque não impede que ele faça mau uso da inteligência, nem evita que pratique o mal.

O progresso moral, por sua vez, quando equiparado ao progresso intelectual, dilata a consciência acerca das leis de Deus e dos deveres morais perante os semelhantes.

Então, em função do progresso moral, o homem faz bom uso das faculdades intelectuais e age sempre de modo elevado no contato com os semelhantes, melhorando suas atitudes e ações no cotidiano.

Assim, ascende na hierarquia espiritual e atinge o bem-estar e a felicidade imperecível. (*A Gênese*, Doutrina dos anjos decaídos, Sinais dos tempos e A geração nova.)

Mas, a perfeição moral só será obtida após o espírito ter vencido suas missões e provas, mesmo enfrentando sofrimentos na vida material. Assim, consegue sua ascensão na hierarquia espiritual, até alcançar a perfeição.

Porém, com a paulatina depuração moral, o espírito vai melhorando as suas condições de vida. Ao trocar as posições ocupadas neste mundo de provas e expiações pelas de um mundo superior, suas conquistas, seus méritos e sua nobreza moral lhe asseguram o progresso, a paz na consciência e o gozo da felicidade verdadeira.

(*Obras Póstumas***, Credo espírita.)**

OBSERVAR RIGOROSAMENTE A LEI DE DEUS PARA ATINGIR À FELICIDADE PERFEITA:

O homem consegue ser perfeitamente feliz quando observa escrupulosamente a lei de Deus, que é justa e boa.

A observância da lei de Deus depende que faça bom uso

da sua vontade, do seu livre-arbítrio e de sua capacidade de escolha ou decisão.

Se cometer infrações à lei, por deficiências morais, sofrerá as perturbações, golpes e vicissitudes que o infelicitam. Se seguir no bom caminho, gerará as causas que o felicitam.

Então, para sermos felizes, devemos não ferir a lei. Caso contrário, não há do que lamentar. Ao fugirmos da observância da lei, só cabe acusar a nós mesmos pelas consequências da falta de juízo.

(*Revista Espírita*, março de 1864, A criação de seres perfectíveis.)

19

LIÇÕES DE LÉON DENIS SOBRE A FELICIDADE

Léon Denis reafirmou as orientações do codificador do espiritismo, ao defender a necessidade de trilharmos o caminho da conquista das virtudes e da prática do bem para obtermos o progresso e a ascensão moral e espiritual que nos conduz ao ponto culminante da felicidade.

Isso está evidente no capítulo XL - Livre-arbítrio e providência - de seu excelente livro intitulado *Depois da morte*.

Léon Denis nos ensina que:

> A alma é criada para a felicidade.
>
> Mas, para poder apreciar essa felicidade, para conhecer-lhe o justo valor, deve conquistá-la por si própria.
>
> E, para isso, precisa desenvolver as potências encerradas em seu íntimo.

Dessa forma, a felicidade é uma conquista própria de cada um de nós.

Para empreendê-la precisamos realizar os esforços próprios no desenvolvimento gradual das potências intelectuais e morais colocadas pelo Criador em nossa alma.

Ainda, para nos orientar quanto a essa conquista tão almejada, Léon Denis, na Parte Quinta desse mesmo livro, mostrou-nos "O caminho reto" a ser percorrido:

> Desenvolver os princípios morais que trazemos registrados na própria consciência.

Para isso, precisamos:

1. Cumprir os deveres morais perante a vida e os semelhantes. Agindo com sabedoria, dignidade, entusiasmo, devotamento, responsabilidade e sacrifício. Então, atingimos a paz na consciência, o contentamento íntimo, a calma e a serenidade de espírito que despertam em nós a felicidade.
2. Tornar a fé raciocinada. Empregando a lógica e o bom-senso na análise das questões que envolvem as práticas religiosas e espirituais. A fé raciocinada nos dá a lucidez para buscar os ideais elevados; apoia-nos nos esforços que superam as provas e os obstáculos e criam um bom destino.
3. Combater o orgulho. Eliminando a tendência ao excesso de amor-próprio com o antídoto chamado de humildade. Com esta virtude aplicada em todas as circunstâncias da vida, eliminamos muitos males, transtornos, rivalidades, ambição, intriga, ódio e más paixões, porque nos espelhamos na modéstia de Jesus. Então, trilhamos o caminho reto que nos garante a felicidade, tanto na vida presente, quanto na vida além-túmulo.
4. Vencer o egoísmo. Esforçando-nos em levar em consideração as necessidades alheias e respeitando os direitos e interesses justos daqueles que estão ao nosso lado. Então, passamos a nos interessar pelos problemas dos semelhantes e a buscar a melhoria da situação inclusive daqueles que nos cercam. Com este espírito fraterno e solidário, fortalecemos a vontade de

agir no campo do bem, obtendo a alegria e promovendo a felicidade e o bem-estar inclusive dos semelhantes.

5. Praticar a caridade material e moral. Operando de forma espontânea e desinteressada para aliviar aflições, sofrimentos e dores daqueles que estão ao nosso redor. A prática da caridade melhora a vida dos circunstantes, o que nos torna pessoas agradáveis, respeitadas, alegres e felizes.
6. Praticar a paciência, doçura, prudência, misericórdia, indulgência, simpatia, bondade e perdão perante os atos dos semelhantes. Cultivando essas virtudes na convivência e no relacionamento com o próximo, eliminamos muitas complicações na vida, mantendo a gentileza, a alegria e a felicidade.
7. Exteriorizar o amor ao próximo. Praticando as lições contidas no Evangelho. Então, fortalecemos a nossa aliança com Deus ao agir perante o semelhante como gostamos que ele aja perante nós. Com Jesus, vemos em cada ser humano um membro da família universal, sentindo a felicidade no mundo íntimo.
8. Ter resignação nos momentos de provas e/ou expiação. Conseguimos isso, entendendo o contexto evolutivo em que estamos inseridos na obra de Deus. Então, operamos no sentido de progredir em meio às lutas e dificuldades. Com resignação, mantemos as atitudes e ações elevadas, fazendo a nossa parte e conseguindo superar os momentos difíceis de missões e provações.
9. Orar a Deus, de coração. A oração tem o poder de atrair a ajuda do Pai Celestial e dos bons espíritos que operam no sentido de nos inspirar e fortalecer o nosso mundo íntimo para vencermos os momentos difíceis. Porém, não basta apenas orar. Precisamos também agir de modo elevado perante as missões, provas, obstáculos e lutas. Assim, sentimos a segurança, o efeito calmante e reconfortante da prece, bem como a coragem para absorvermos os impactos dos males e agirmos no sentido

de vencer as tribulações terrenas. A prece tem a capacidade de elevar o nosso pensamento às regiões espirituais elevadas, onde a mente não é perturbada pelos murmúrios, nem pelas agitações do mundo material.

10. Trabalhar com honestidade. O trabalho honesto é a principal fonte do progresso material, moral e espiritual. Ele serve de consolação ante as lutas do cotidiano; fortalece a coragem e a esperança para superarmos os males que nos aborrecem e causam aflição e tristeza. Por isso, o trabalho deve ser nosso refúgio seguro nos momentos de provações. Ele mobiliza a criatividade e as faculdades da alma para enfrentarmos e superarmos as tribulações do dia a dia.
11. Ter sobriedade e continência. Essas virtudes são indispensáveis para que a alma se torne pura e livre. Elas libertam-na da escravidão dos excessos na alimentação; males da embriaguez; ilusões das coisas materiais; perigos da volúpia; apelos dos prazeres corruptores; e seduções dos sentidos.
12. Estudar e ler sempre. Recorrendo a um livro sério, útil e amigo, que instrui, consola e anima. Os livros nos colocam em contato com o pensamento dos espíritos eminentes de todos os séculos e países. Estudando ou lendo bons livros, habituamo-nos a viver no meio deles, desfrutamos da companhia dos espíritos elevados que, com seus ensinos e exemplos, conseguem elevar nossos atos e nos tornar felizes.
13. Cuidar da autoeducação. Ampliando os conhecimentos, melhorando as habilidades, valorizando as experiências, elucidando a inteligência com o saber, abrindo o coração para os bons sentimentos, aprimorando o caráter, aperfeiçoando a alma com os bons hábitos e fortalecendo o mundo íntimo com as boas influências recebidas dos educadores.
14. Participar na solução das questões sociais. Evitando o isolamento que nos deixa alheios à pobreza, ignorância, violência,

conflitos e desigualdades de todas as ordens. Ao participarmos na vida social com o espírito altruísta exercitamos as habilidades e sentimo-nos úteis em beneficiar a sociedade.

15. Buscar a grandeza moral. Realizando o bem e promovendo a fraternidade e solidariedade. Dessa forma, participamos da solução de inúmeros problemas alheios; melhoramos as condições de vida das pessoas que nos cercam; e atuamos no aprimoramento da própria sociedade. Com essa participação sábia e bondosa na solução dos problemas alheios e sociais, expandimos o bem e promovemos inclusive a própria elevação moral.

Léon Denis não ficou somente nessas lições importantes ao nosso progresso e bem-estar presente e futuro. Legou-nos ainda outros ensinos complementares, que estão inseridos na Terceira Parte de seu valioso livro *O problema do ser, do destino e da dor:*

1. Educar a vontade para a prática do bem. Assim conseguimos fazer bom exercício do livre-arbítrio. Ao dirigirmos a vontade para o que é bom, obtemos o engrandecimento moral; a vigilância na própria natureza íntima; a correção das imperfeições morais que geram condutas nefastas; o direcionamento dos pensamentos para os ideais elevados; a disposição de agir sempre com nobreza espiritual; e o emprego das forças íntimas para o que é nobre e elevado. Enfim, com a força de vontade sob controle, persistimos nas boas atitudes e ações que nos permitem construir uma vida melhor e mais feliz.
2. Elevar o nível da consciência. Deus registrou em nossa consciência as Suas leis e concedeu-nos o bom-senso que nos permite distinguir o que é bom ou mal, certo ou errado, justo ou injusto, verdadeiro ou falso. Então, cabe-nos dilatar a própria consciên-

cia com as ações que ampliam os conhecimentos e apuram o senso moral. Nesse sentido, contamos com a voz da consciência, que é um juiz severo que nos orienta para o bem e julga as nossas atitudes e realizações, com o fim de nos conduzir à prática da lei de Deus e de despertar em nós o desejo de atender o verdadeiro propósito da vida: obter a elevação intelectual e moral; melhorar a forma de ser, sentir, pensar, querer, julgar e agir; e caminhar a passos firmes para o progresso verdadeiro e a felicidade imperecível.

3. Agir com honestidade e responsabilidade. Para isso, devemos usar adequadamente o senso moral e a capacidade de pensar, julgar e de agir com equilíbrio, sensatez, prudência e coerência. Então, cumprimos os deveres perante Deus e os semelhantes.
4. Ter disciplina e controle sobre os pensamentos. Estes refletem as criações mentais e desencadeiam as ações do cotidiano; expressam com precisão as emoções, os sentimentos e as atividades do mundo mental, determinando as nossas atitudes e realizações. Dessa forma, todo pensamento deve estar sob estrito controle, pois desencadeia as causas que refletem sobre nós mesmos e os semelhantes. Com a mente disciplinada no bem, comandamos os pensamentos para as boas atitudes e ações.
5. Reformar o caráter. A educação moral cristã tem a força que molda o caráter na prática das virtudes, tornando-nos homens de bem. Então, exteriorizamos o bom hábito de praticar o bem em todas as circunstâncias da vida. É desse modo que exercemos o domínio sobre nós mesmos, abrindo o caminho para a realização das obras que promovem o progresso e despertam a felicidade no mundo íntimo.
6. Ter paciência e serenidade. Essas virtudes são indispensáveis para o cumprimento das missões e superação das provas, lutas e tribulações da vida. Elas nos imunizam contra a revolta, insatisfação, animosidade, ressentimento, aborrecimento,

amargura e aflição, que podem surgir com os acontecimentos constrangedores do cotidiano. Por outro lado, preservam a nossa coragem e esperança. Então, sentimos em menor grau os impactos das provações, transformando-as em oportunidades de aperfeiçoamento no uso das faculdades. Com paciência e serenidade, extraímos nos momentos das provas os conhecimentos, habilidades e experiências que fortalecem as nossas características e garantem a saúde, alegria e felicidade.

7. Ter o amor no coração. Com isso, mantemos a nossa ligação com Deus, exteriorizando ações elevadas decorrentes dos sentimentos nobres e da depuração da inteligência. Com os atos amorosos e sábios construímos o mundo de progresso e felicidade que tanto desejamos.
8. Agir com entendimento e equilíbrio. O entendimento de Deus e do contexto grandioso em que estamos inseridos na Sua obra da criação nos dá o equilíbrio íntimo que garante o bem-estar. É o que precisamos para cumprir as leis, praticando o bem. Com equilíbrio no mundo íntimo evitamos também os excessos, abusos, vícios e males morais que causam aflição e sofrimento. Então, não perdemos tempo na jornada evolutiva sofrendo expiação, nem reparando os erros cometidos. Portanto, entendimento e equilíbrio no mundo íntimo são os agentes das transformações salutares que vêm beneficiar a nossa alma e o nosso corpo, permitindo-nos desfrutar da harmonia e do bem-estar.
9. Cultivar a esperança em uma vida melhor. A esperança dá a energia que sustenta os nossos esforços na busca do progresso e da melhoria nas condições de vida, pelo trabalho e ações elevadas que criam um futuro venturoso. Ela sustenta também a coragem. Então, cumprimos as missões e vencemos as provas, dificuldades, tarefas, lutas, dores e aflições evolutivas. Portanto, ao cultivarmos a esperança no coração caminhamos para o progresso e a felicidade plena que tanto desejamos.

PALAVRAS FINAIS

Eis aí um resumo pálido elaborado com as principais lições de Léon Denis sobre o caminho reto que nos conduz ao sucesso e ao bem-estar.

Com isso, não temos mais como andar desorientados. Devemos percorrer confiantes esse caminho indicado, que não é outro senão o da prática das virtudes.

Com o aperfeiçoamento decorrente nas potências da alma, edificamos uma vida pautada no progresso e no gozo da felicidade duradoura.

20 LIÇÕES DE DONIZETE PINHEIRO SOBRE A FELICIDADE

Donizete Pinheiro, em seu excelente livro intitulado *Um olhar sobre a honestidade*, de edição EME, sintetizou, de modo preciso, o pensamento espírita sobre o esforço que devemos fazer para desenvolver as virtudes e caminhar para a conquista da felicidade:

> Somos filhos de Deus e possuímos o gérmen das virtudes, mas desenvolvê-las é trabalho árduo que devemos empreender por nós próprios.
>
> Não há outro caminho para a verdadeira felicidade, ainda que a estrada seja quase uma eternidade.

Essa síntese evidencia o nosso dever na condição de filhos de Deus. Portanto, devemos atender os desígnios de nosso Pai eterno, que está acima de todas as coisas.

Ainda, com a doutrina espírita, aprendemos que, embora criados por Deus simples e ignorantes, somos perfectíveis, através de um longo processo de desenvolvimento intelectual e moral.

Dessa forma, devemos aproveitar a oportunidade evolutiva, propiciada pela reencarnação. Isso significa desenvolver as faculdades cumprindo missões e provas; reunir os recursos que aprimoram as potencialidades da alma; e conquistar paulatinamente as virtudes, caminhando para a perfeição espiritual e a felicidade verdadeira.

Trata-se realmente de um trabalho longo, complexo e árduo. Mas, o resultado final decorrente das incontáveis conquistas através das sucessivas reencarnações é a conquista e o desfrute da nobreza espiritual.

Pelos desígnios de Deus e pelas leis da reencarnação e do progresso sairemos vitoriosos, depois da longa e árdua caminhada de conquistas e méritos próprios.

Por mais distante que pareça estar a meta a ser atingida, devemos caminhar amealhando as virtudes. Então, um dia, conquistaremos a condição de espíritos puros ou perfeitos, na qual, no topo da hierarquia espiritual, desfrutaremos, nas esferas superiores da vida espiritual, a plenitude do progresso e da felicidade.

Portanto, está em nossas mãos apressar o cumprimento dos desígnios de Deus, pela acumulação dos tesouros imperecíveis.

Caminhar conscientes para esse objetivo a ser atingido significa ter vontade firme na prática do bem; disposição para reunir as virtudes na alma; coragem para vencer os obstáculos; disposição persistente para superar qualquer tropeço; e fé e esperança na conquista da nobreza intelectual e moral a que estamos destinados.

Donizete nos estimula ainda, de modo convincente, a concentrar esforços no trabalho de conquista da sabedoria e do amor. Assim, apressamos a chegada à meta tão almejada:

> Todos somos destinados à felicidade, decorrente da sabedoria e do amor que conquistarmos com os nossos esforços, aqui ou na imortalidade.

> Vivamos de tal forma que não tenhamos que nos arrepender, nem do mal que fizemos e nem do bem que deixamos de fazer. Aí então teremos encontrado a verdadeira felicidade.

Portanto, já vislumbramos de modo claro que é praticando o bem e acumulando as virtudes, de modo persistente, em todas as circunstâncias da vida, que estaremos conquistando naturalmente as qualidades nobres e os méritos que nos vão garantir a felicidade verdadeira.

Donizete ressalta ainda que é em decorrência da bondade no coração que nos tornaremos felizes:

> É preciso querer ser bom porque isso é bom, porque facilita o relacionamento com o próximo e nos proporciona paz e, consequentemente, a felicidade.
>
> O bem é tudo aquilo que constrói, eleva, instrui e faz feliz. O bem é meta a alcançar e condição de felicidade.

Portanto, eis ai as lições valiosíssimas que devem tornar a nossa rota segura, pois nos leva à edificação do progresso e da própria felicidade imperecível.

21

LIÇÕES DE JAMIRO DOS SANTOS FILHO SOBRE A FELICIDADE

A Editora EME publicou o excelente livro intitulado *A fórmula da felicidade*, de autoria de Jamiro dos Santos Filho.

Trata-se de uma obra muito bem elaborada, e inspirada em uma palestra que o autor realizou sobre uma personalidade notável no meio espírita: Jerônimo Mendonça Ribeiro. (*Ituiutaba-MG, 1/nov/1939 a 26/nov/1989.*)

Jerônimo nasceu em uma família simples. Teve como pais Altino Mendonça e Antonia Olímpia Cândida de Jesus. Era o penúltimo filho dentre os nove filhos do casal.

Passou a ter uma atuação importante no movimento espírita, depois que conheceu os princípios do espiritismo, com quinze anos de idade, ao frequentar a mocidade espírita de sua localidade. Antes disso, participava da Igreja Presbiteriana.

Até os dezessete anos de idade, Jerônimo gozou de plena saúde. Mas, a partir de então, surgiram complicações de uma doença diagnosticada como artrite reumatoide progressiva.

Com a evolução dessa enfermidade, viu-se, paulatinamente, obrigado a usar muletas e cadeira de rodas, até ficar irremediavelmente imobilizado numa cama ortopédica, por cerca de trinta anos.

Porém, jamais reclamou ou se revoltou contra a doença. Mesmo se sentindo impedido de locomover, trabalhava e disseminava o bem, graças ao seu ideal espírita.

Ele nem mesmo deixou de atuar na seara espírita com a perda gradual da visão, que o levou à cegueira.

Além disso, as complicações em sua saúde aumentaram ainda mais com os crescentes problemas cardíacos.

Eram provações ou expiações dificílimas. Mas, ele as aceitou com resignação, bom humor e fé em Deus.

Jerônimo tinha dignidade e bom ânimo. Assim, suportou suas extremas limitações físicas e grandes dificuldades de todas as ordens, amenizando-as com seu gosto de conversar, rir e dar bons conselhos.

Com sua coragem e resignação, suportou o paulatino agravamento no estado de saúde, mas continuou estudando com afinco o espiritismo e mantendo a frequência assídua nas reuniões espíritas.

Por ser uma pessoa muito querida, era bondosamente transportado e carregado por amigos, pelos quais expressava sua profunda gratidão.

Estava sempre disposto a fazer palestras espíritas com sua voz forte, vibrante e convincente, principalmente para pregar as lições e práticas evangélicas, mesmo tendo que viajar para cidades distantes.

Adorava música e gostava de cantar com alegria. Tinha reverência pelo "Hino a Allan Kardec".

Jerônimo construiu obras importantes: fundou, em 1970, o Centro Espírita Seareiros de Jesus; e, em 1979, o Centro Espírita Manoel Augusto da Silva. Fundou ainda uma gráfica para divulgar mensagens espíritas. Gravou os discos *Intimidade Espírita* e *Obrigado, Senhor*. Escreveu os livros *Crepúsculos de um coração; Nas pegadas de um anjo;* e *De mãos dadas com Je-*

sus, este em parceria com David Palis Júnior. Fundou ainda o *Lar Espírita Pouso do Amanhecer*, para atender inúmeras crianças carentes.

Dessa forma, deixou realizações importantes, dando bons exemplos e contribuindo para o engrandecimento do movimento espírita. Em função disso, foi apelidado por amigos de *"O gigante deitado"*.

Jerônimo elaborou uma fórmula da felicidade com os seus estudos sobre O Sermão da Montanha.

Vislumbrou nas promessas de Jesus contidas nesse Sermão, as virtudes que precisamos adquirir e praticar para conquistar as bem-aventuranças.

Jamiro dos Santos Filho, encantado com a fórmula da feli cidade composta por Jerônimo, teve a ideia de divulgá-la através do seu livro acima mencionado.

Ela consiste na prática de sete virtudes cristãs. Então, a felicidade vai aumentando à medida que as aquisições nobres vão sendo exercitadas:

FRATERNIDADE: Ninguém se torna feliz sem oferecer apoio fraterno ao próximo. A fraternidade exige o contato com os outros, empregando a ética, gentileza, delicadeza e boa maneira. Então a ajuda fraterna beneficia aquele que experimenta miséria, dor, sofrimento e injustiça. Mas, a fraternidade beneficia primeiro quem a pratica, pois desperta o bem-estar de imediato na alma de quem é útil ao próximo com seu espírito fraterno.

COMPAIXÃO: A compaixão desperta na alma o desejo nobre de aliviar a dor alheia. Ela não deixa a pessoa piedosa ficar indiferente ante ao faminto; à criança desprotegida; ao idoso esquecido num canto; ao doente solitário; ao pobre sem apoio; e ao que foi marginalizado pela sociedade. Com isso, a compaixão tem o poder de eliminar o isolamento ou a solidão. Além disso, acaba com a depressão, pois desperta a esperança em quem perdeu a alegria. Quem tem compaixão sente-se feliz em decorrência do benefício que oferece ao próximo. Também mantém a paz na consciência porque cumpriu o dever moral de socorrer quem está em condição aflitiva. Como ninguém consegue ser feliz sozinho, a compaixão é importante ingrediente da felicidade. Ela impulsiona a pessoa a sair de si mesma e se preocupar em promover o bem-estar do semelhante.

DESPRENDIMENTO: O desprendimento do dinheiro, poder, cargos e pessoas é imprescindível para o alcance da felicidade. Isso, certamente, não significa abandono do trabalho honesto que propicia o progresso, o ganho do dinheiro, a possibilidade de adquirir os bens e confortos que sustentam uma vida digna e saudável. A condenação é ao apego exagerado às coisas materiais, pois este desencadeia a ambição, avareza e egoísmo. O apego aos valores terrenos impede a pessoa de aliviar as necessidades e os sofrimentos do próximo. Com isso, a pessoa apegada deixa de praticar o amor e a caridade, que são fontes de felicidade. Quem se concentra na busca desenfreada do luxo e só pensa em si mesmo, perde a bondade, família, honra e paz de espírito. Não percebe que as coisas do mundo são transitórias e que serão devolvidas a Deus. Ignora que as concessões materiais foram lhe cedidas em usufruto, para serem empregadas na promoção do bem, da alegria e do bem-estar de todos. Não avalia que os empréstimos divinos deverão ser restituídos um dia e que contas do seu emprego deverão ser prestadas. Além disso, a alma excessivamente apegada aos valores materiais encontra o sofrimento e a infelicidade no outro lado da vida. Por isso, Jesus nos ensinou a importância do desapego dos tesouros materiais e da valorização dos tesouros espirituais que nos garantem as bem-aventuranças. Portanto, a felicidade verdadeira é aquela que não perece nem mesmo com a morte do corpo material. No meio espírita, temos Chico Xavier como exemplo da conquista dos tesouros verdadeiros, pois provou ter um bom coração ao promover o bem-estar dos que o cercavam.

VERDADE: Conhecereis a verdade e ela vos libertará, nos ensinou Jesus. Por isso, devemos buscar o conhecimento das verdades espirituais para vivermos bem. Essa busca nos leva a obter o conhecimento dos atributos e do poder infinito do Criador de todas as coisas; do porquê da vida; do que é realmente essencial nesta nossa jornada terrena; das diferenças morais e intelectuais entre as pessoas; e do melhor caminho a percorrer para cumprir o dever moral de praticar o bem. É assim que conseguimos a própria libertação dos vícios, egoísmo, vaidade, ciúme, inveja, avareza, orgulho, rituais, superstições, dogmas, fanatismo, atitudes mesquinhas, imperfeições morais, ilusão, sofrimento e dor. Conhecendo a verdade, temos em nossas mãos a chave da libertação que abre a porta da felicidade.

PERDÃO: Quem não perdoa permanece infeliz, porque carrega na alma a mágoa que corrói o mundo íntimo; envenena o coração com o efeito do ódio; e vive insatisfeito experimentando amargura. Por outro lado, quem perdoa demonstra compreensão ao erro alheio; logo esquece o choque que sofreu por ter sido ofendido, traído, humilhado, prejudicado ou maltratado; se liberta do fardo nefasto da revolta. Quem tem facilidade em perdoar, chega mesmo ao autoperdão, que é indispensável quando há um fracasso a suportar; um erro desastroso a reparar; ou uma falta grave que causou infelicidade para o próximo a corrigir. Assim, o perdão promove o reerguimento e a retomada da viagem ascendente para uma vida superior. Portanto, para sermos realmente felizes, precisamos perdoar com frequência no dia a dia. Caso contrário, seremos semelhantes a quem quer ter saúde, tendo vícios; ter amigos, sendo antipático; ter sucesso, sendo preguiçoso; e ser amado, sem amar.

FÉ: A fé é fonte de felicidade, porque gera confiança e dá segurança na atuação com firmeza no campo do bem. Ela desperta a coragem ante as lutas e conserva o equilíbrio nos momentos de dificuldade, desespero, solidão e dor. A fé nos faz sentir o amparo de Deus. Então, desperta o bom ânimo ante os empreendimentos, as ações que superam os males e as realizações que criam o bem-estar.

HUMILDADE: A humildade sustenta a alma na sua perseverança no campo do bem. Ela dá força à alma nos momentos de expor ideias, beneficiar o próximo e aprender com as lições da vida. A humildade marcou a vida de Jesus, desde o seu nascimento na manjedoura. Ela é grandiosa, porque dá beleza na prática das demais virtudes.

Eis aí, um resumo pálido das valiosas contribuições prestadas por Jamiro, em seu livro acima citado.

Que saibamos, no cotidiano, compor os ingredientes da fórmula da felicidade para obter o sucesso que tanto esperamos na vida.

LIÇÕES DO ESPÍRITO AGAR SOBRE A FELICIDADE

22

O ESPÍRITO AGAR TRANSMITIU, através da mediunidade de Chico Xavier, três lições importantes sobre a felicidade. Elas estão reunidas no livro *Dicionário da alma,* de edição FEB.

A VIDA TERRENA É ESCOLA QUE PROPICIA AO ESPÍRITO ENCARNADO TREINAMENTO, LIÇÕES E EXERCÍCIOS; E NÃO A FELICIDADE VERDADEIRA, QUE NÃO PODE SER DESFRUTADA NA TERRA:

> A verdadeira felicidade para nós não mora na Terra, assim como o contentamento perfeito de uma criança não reside na escola.
>
> O mundo em que estagiamos é casa grande de treinamento espiritual, de lições rudes, de exercícios infindáveis.

De fato, aprendemos com o espiritismo que a nossa passagem pela vida terrena tem a finalidade de nos propiciar aprendizados, conhecimentos, experiências e amadurecimento espiritual. Então, garantimos o nosso progresso intelectual e moral.

Nesse contexto, dificilmente conseguimos desfrutar do gozo

da felicidade perfeita, porque temos missões árduas a cumprir, provas e lutas complexas a vencer e condições nem sempre agradáveis ou confortáveis de vida a suportar. Isso sem falar em possíveis expiações, com as quais temos que reparar as consequências dos erros cometidos em existências passadas.

Portanto, nesta nova permanência temporária na escola terrena, devemos cumprir o objetivo essencial que é exercitar e aprimorar as faculdades, atuar no campo do bem para progredir e criar as bases para merecer a felicidade verdadeira, que ainda não pode ser usufruída plenamente na jornada terrena.

Ao engrandecermos as características pessoais e evoluirmos na hierarquia verdadeira, nos aproximamos das condições de vida elevadas que nos garantem desfrutar da felicidade imperecível.

O contexto em que atuamos na vida terrena é muito complexo para conseguirmos sair dele completamente vitoriosos e felizes. Mas, enfrentando com coragem e sabedoria as lutas árduas do cotidiano, fazendo bom aproveitamento das oportunidades que engrandecem a alma para a vida superior que existe nos mundos mais elevados que a Terra e nas esferas superiores do Reino dos céus reunimos os méritos que nos promovem na escalada.

As lições espíritas nos esclarecem, orientam e fortalecem na caminhada evolutiva. Então, empreendemos os esforços que nos fazem crescer em sabedoria e amor; produzir as boas causas que nos habilitam a colher benefícios na vida futura; e trabalhar para reunir os progressos intelectuais e morais que geram melhores condições de vida, bem-estar e felicidade.

> A dor e o sofrimento perturbam a alma, levando-nos a interpretá-los como males injustos e terríveis; mas, quando suportados com entendimento espiritual, coragem, calma, pa-

> ciência e bom aproveitamento do tempo, se transformam em bênçãos da providência divina para o nosso bem-estar futuro:
>
> Não te desesperes, diante da dor a represar-se em teu cálice.
>
> O tempo que converte a alegria em experiência, é o mesmo que extrai a felicidade do sofrimento.

Qualquer desespero diante da dor e do sofrimento nos impede de agir corretamente. Então, não conseguimos vê-los como bênçãos para o nosso adiantamento espiritual.

Quando aproveitamos os momentos aflitivos para desenvolver a paciência, a calma, a coragem, a sabedoria e a fortaleza espiritual, essas atitudes corretas nos levam, com o passar do tempo, a crescer em experiência e em aprimoramento pessoal.

Então, com a alma fortalecida, extraímos deles a felicidade, pois vencemos os percalços a que fomos chamados a enfrentar.

> Devemos empregar esforços na reabilitação, redenção, renovação e elevação da alma. Disso surge a recompensa na forma de grande felicidade:
>
> Nossa felicidade maior reside em dar de nós mesmos na obra da redenção da própria alma.

De fato, é imensa a obra de elevação da própria alma em meio às missões, lutas, provas, conflitos e constrangimentos.

Mas, há a redenção da alma. Então, ela amadurecida pelas conquistas, se aproxima da grande felicidade.

Por isso, devemos dar de nós mesmos na elevação intelectual moral, principalmente ante as situações complicadas da vida, porque, com as condutas adequadas que mantemos perante as vicissitudes, aprimoramos as características pessoais.

Então, a felicidade vai se tornando algo natural em nosso espírito.

23 LIÇÕES DO ESPÍRITO ANDRÉ LUIZ SOBRE A FELICIDADE

O Espírito André Luiz transmitiu, através da mediunidade de Chico Xavier, 17 lições importantes a respeito da felicidade.

Elas foram reunidas a seguir, para nos mostrar como é importante realizarmos o progresso no dia a dia para sermos felizes:

1 – A FELICIDADE DEPENDE DE PREPARAÇÃO PARA SER RECEBIDA:

Até mesmo para receber a felicidade é preciso preparação.
(Frase extraída do Capítulo "Felicidade", do livro *Dicionário da alma*, de edição FEB.)

De fato, a felicidade é uma decorrência da preparação prévia, isto é, da adoção de diversas providências adequadas ao progresso, antes de recebê-la.

Em outras palavras, a felicidade decorre das boas causas que a fazem surgir como um efeito agradável.

Por isso, devemos concentrar nossos esforços no trabalho de preparação que, às vezes parece longo, mas que inevitavelmente nos capacita a receber o prêmio valioso.

2 - EM DEFESA DA PRÓPRIA FELICIDADE, PRECISAMOS RESISTIR ÀS INTRIGAS:

> Tolere um tanto mais as intrigas que, porventura, lhe assediem o campo de ação, sem lhes oferecer qualquer importância e defenderá a sua própria felicidade, com inesperado brilhantismo.

(Frase extraída do Capítulo 2 do livro *Respostas da vida*, de edição IDEAL.)

É evidente que as intrigas têm o poder de prejudicar o nosso mundo íntimo e o nosso campo de atuação.

Por isso, devemos viver à margem das intrigas, defendendo a própria tranquilidade e felicidade.

3 - A FELICIDADE DECORRE DOS BENS QUE ESPALHAMOS:

> A felicidade nasce dos bens que você espalhe, não daqueles que se acumulam inutilmente.

(Frase contida do Capítulo 4 do livro *Respostas da vida*, de edição IDEAL).

É evidente que espalhar o bem, através da prática da caridade, fraternidade e solidariedade, evitando a avareza e o egoísmo, faz brotar a felicidade nas pessoas beneficiadas, bem como no próprio mundo íntimo.

4 - A FELICIDADE NÃO SE PEDE EMPRESTADA DOS OUTROS. TEMOS QUE OBTÊ-LA COM AS PRÓPRIAS BOAS REALIZAÇÕES:

> A felicidade legítima não é mercadoria que se empresta. É realização íntima.
>
> **(Frase extraída do Capítulo 43 do livro *Agenda cristã*, de edição FEB.)**

De fato, a nossa felicidade só surge depois que as nossas boas realizações dão os frutos doces, num contexto de ação e reação.

5 - A FELICIDADE DECORRE DA PRÁTICA DA BONDADE:

> Falará você na bondade a todo instante, mas, se não for bom, isso será inútil para a sua felicidade.
>
> **(Frase extraída do Capítulo 40 do livro *Agenda cristã*, de edição FEB.)**

É notório que apenas falar na bondade, não prova que somos pessoas realmente bondosas.

Por isso, importa que efetivamente pratiquemos o bem, tornando-nos pessoas que não apenas supõem que tenham a bondade no coração.

Ao exteriorizarmos o que temos de bom no coração, através da realização das boas obras, felicitamos quem está ao nosso lado, obtendo a própria felicidade.

6 - A FELICIDADE SE CONQUISTA COM O TRABALHO HONESTO:

> Se você deseja ser cristão efetivamente, trabalhando, conseguirá a felicidade própria.
>
> **(Frase extraída do Capítulo 26 do livro *Agenda cristã*, de edição FEB.)**

De fato, no trabalho honesto está a fonte do progresso e da felicidade.

Por isso, jamais devemos nos afastar dele, aceitando os convites do comodismo, da preguiça ou ócio.

7 - AUTOACEITAÇÃO E DOAÇÃO DO MELHOR DE NÓS MESMOS: ESTES SÃO OS CAMINHOS SEGUROS PARA O ENGRANDECIMENTO DA PRÓPRIA VIDA E PARA A EDIFICAÇÃO DA FELICIDADE:

> Quem se aceita como é, doando de si à vida o melhor que tem, caminha mais facilmente para ser feliz como espera ser.
> **(Frase extraída do Capítulo 26 do livro *Sinal verde*, de edição CEC.)**

De fato, temos que aceitar as próprias limitações no uso das faculdades e deficiências morais, reconhecendo que ainda temos muitas conquistas pessoais a fazer.

Mas, não basta reconhecê-las e aceitá-las. Não devemos jamais deixar que elas nos impeçam de realizar o melhor ao nosso alcance. Por isso, devemos doar de nós mesmos as qualidades que já conquistamos, concretizando os próprios sonhos de felicidade.

8 - O SORRISO SINCERO E ESPONTÂNEO DESPERTA NOS OUTROS O ESPÍRITO DE SIMPATIA, GENTILEZA E COLABORAÇÃO. ENTÃO, FAVORECE A OBTENÇÃO DA NOSSA FELICIDADE:

> Mobilize o capital do sorriso e observará que semelhante investimento lhe trará precioso rendimento de colaboração e felicidade.
> **(Frase extraída do Capítulo 26 do livro *Sinal verde*, de edição CEC.)**

É visível a resposta obtida a um simples sorriso amigo e sincero, no momento certo. Ele tem o poder de abrir para nós muitas portas importantes para o sucesso.

Com ele, obtemos os aliados e colaboradores que nos ajudam na edificação do progresso e da própria felicidade.

9 - DISSEMINANDO O BEM, AJUDAMOS OS ENTES QUERIDOS A OBTER A FELICIDADE, SEM INTERESSE OU PRETENSÃO. ENTÃO, VENCEMOS O EGOÍSMO:

> Teremos vencido o egoísmo em nós quando nos decidirmos a ajudar aos entes amados a realizarem a felicidade própria, tal qual entendem eles, deva ser a felicidade que procuram, sem cogitar de nossa própria felicidade.

(Frase extraída do Capítulo 12 do livro *Sinal verde*, de edição CEC.)

É evidente que a felicidade surge nos entes queridos, quando agimos sem egoísmo dentro do próprio lar.

Quando beneficiamos os que nos cercam no reduto familiar para torná-los felizes, com nossos atos de amor, gentileza e carinho, sem qualquer pretensão ou interesse, trilhamos o caminho certo para a alegria e o bem-estar.

10 - A CONSCIÊNCIA TRANQUILA GARANTE A FELICIDADE:

> A felicidade pode exibir-se, passear, falar e comunicar-se na vida externa, mas reside com endereço exato na consciência tranquila.

(Frase extraída do Capítulo 26 do livro *Sinal verde*, de edição CEC.)

O peso na consciência, o sentimento de culpa, o remorso no pensamento e a recordação insistente das faltas praticadas comprometem o nosso bem-estar.

Por isso, devemos ter a preocupação de reparar logo qualquer erro cometido. Assim, amenizamos os danos causados aos semelhantes, alcançando a reconciliação com quem ferimos.

Com isso, nos habilitamos a agir com firmeza no campo do bem, restabelecendo a paz na própria consciência.

Ao cumprirmos os nossos deveres morais perante Deus e os semelhantes, edificamos no mundo íntimo a calma e a tranquilidade. Então, mantendo a consciência em paz, geramos a própria felicidade.

11 - A NOSSA FELICIDADE DEPENDE DA FELICIDADE QUE PROPORCIONAMOS AOS SEMELHANTES:

> A nossa felicidade será naturalmente proporcional em relação à felicidade que fizermos para os outros.
>
> **(Frase extraída do Capítulo 26 do livro *Sinal verde*, de edição CEC.)**

A maneira infalível de obtermos a própria felicidade duradoura é não tendo adversários ocultos conspirando contra o nosso sucesso.

Por isso, devemos tornar felizes as pessoas que nos cercam, com nossos gestos de amizade, colaboração, cortesia e gentileza.

Assim, edificamos de modo permanente a própria felicidade.

12 - O AMOR GERA A FELICIDADE:

> Amor é a força da vida e trabalho vinculado ao amor é a usina geradora da felicidade.
>
> **(Frase extraída do Capítulo 26 do livro *Sinal verde*, de edição CEC.)**

O amor engrandece a vida. Gera os impulsos íntimos que nos estimulam à prática da caridade e do bem.

Então, quando o amor está associado aos nossos trabalhos e atos construímos a felicidade alheia, concorrendo para a própria satisfação íntima e felicidade.

13 - A LAMENTAÇÃO DESTRÓI A FELICIDADE NA ALMA:

> Se você parar de se lamentar, notará que a felicidade está chamando o seu coração para vida nova.
>
> **(Frase extraída do Capítulo 26 do livro *Sinal verde*, de edição CEC.)**

De fato, a lamentação expressa a insatisfação crônica que está instalada em nossa alma, tornando o nosso estado de espírito conturbado e infeliz.

Ela desperta repulsa nos outros, porque ninguém gosta de estar ao lado de uma pessoa que reclama de tudo.

Por isso, devemos desenvolver a compreensão, a paciência e a cautela com os acontecimentos constrangedores, para não ficarmos queixando de tudo.

Mesmo tendo do que lamentar devemos calar a boca e continuar edificando a vida nova com a propagação verbal do bem que gera a alegria e a felicidade.

14 - SEM HUMILDADE É IMPOSSÍVEL SER FELIZ:

> Estude a si mesmo, observando que o autoconhecimento traz humildade e sem humildade é impossível ser feliz.
> **(Frase extraída do Capítulo 26 do livro *Sinal verde*, de edição CEC).**

Sem dúvida, o autoconhecimento através da autoanálise consciençiosa e da observação atenta do modo de ser, sentir, pensar, falar e agir nos conduz à humildade, porque constatamos que somos ainda pequenos ante à grandeza de Deus e sua obra, bem como dos espíritos puros que já conquistaram a sabedoria e amor, a exemplo de Jesus.

Com humildade, colocamo-nos em sintonia com as lições e os exemplos do mestre. Então, passamos a agir em benefício dos que nos cercam, colocando nossas características pessoais em busca da felicidade alheia e própria.

15 - ELIMINANDO OS COMPLEXOS DE CULPA COM O TRABALHO EM FAVOR DOS SEMELHANTES CONCRETIZAMOS O DESEJO DE SER FELIZ:

> Se você aspira a ser feliz e traz ainda consigo determinados complexos de culpa, comece a desejar a própria libertação, abraçando no trabalho em favor dos semelhantes o processo de reparação desse ou daquele dano que você haja causado em prejuízo de alguém.
> **(Frase extraída do Capítulo 26 do livro *Sinal verde*, de edição CEC.)**

De fato, o complexo de culpa nos martiriza por termos causado algum dano ou prejuízo ao próximo. Mas, existe a libertação através da prática do bem.

Ao beneficiarmos as pessoas que nos cercam ou buscarmos a reconciliação com quem ferimos, concedemos a nós mesmos o autoperdão.

O trabalho de amor e caridade em favor dos semelhantes apaga a multidão de pecados, como diz a lição evangélica.

Então, é abraçando com dedicação a causa do bem que libertamo-nos do passado vergonhoso, pondo fim aos complexos de culpa.

Quando em dívida moral perante o próximo, sob a acusação da consciência, que saibamos seguir este caminho que restabelece o bem-estar e a felicidade.

16 - A CONSTRUÇÃO DA PRÓPRIA FELICIDADE CONTEMPLA O NÃO CAUSAR DANO À FELICIDADE ALHEIA:

> Não queira a sua felicidade ao preço do alheio infortúnio, porque todo desequilíbrio da afeição desvairada será corrigido, à custa de afeição torturada, através da reencarnação.
>
> **(Frase extraída do Capítulo 45 do livro *Sinal verde*, de edição CEC.)**

Muitas vezes, nos iludimos em ser felizes, em função do infortúnio alheio. Mas, com a justiça verdadeira, não conseguimos desfrutar de uma felicidade duradoura.

Mais cedo ou mais tarde, aparecem as consequências do infortúnio causado a terceiros, transtornando o nosso modo de vida.

Por isso, para a nossa felicidade ser duradoura, devemos construí-la com a observância da lei de justiça, amor e caridade.

Então, é promovendo a felicidade alheia, que alcançamos a felicidade imperecível.

17 - A FELICIDADE SE MANTÉM COM O EQUILÍBRIO PROPICIADO PELA ORAÇÃO:

> Se você está feliz, ore sempre, rogando ao Senhor para que o equilíbrio esteja em seus passos. (...) A oração é momento de luz, nas obscuridades e provas do caminho de aperfeiçoamento em que ainda nos achamos, para o nosso encontro íntimo com o amparo de Deus.

(Frase extraída do Capítulo 3 do livro *Tempo de luz*, de edição IDE.)

De fato, o cultivo da oração ensinada por Jesus, principalmente nos momentos de equilíbrio, paz, saúde e felicidade, para agradecermos a Deus as bênçãos desfrutadas, é instrumento de manutenção da fortaleza e do bem-estar.

Ela sustenta a nossa aliança com Deus, nos dando o equilíbrio íntimo que precisamos para continuar caminhando seguros na edificação de maior progresso e felicidade.

24

LIÇÕES DO ESPÍRITO BATUÍRA SOBRE A FELICIDADE

O Espírito Batuíra, em seu notável livro *Mais luz*, psicografado por Chico Xavier, e de edição GEEM, legou-nos 5 lições importantes sobre a felicidade:

- ESCOLHENDO BEM AS PALAVRAS QUE EMPREGAMOS NO COTIDIANO, PELAS REPERCUSSÕES QUE ELAS TÊM SOBRE AS PESSOAS QUE NOS CERCAM E SOBRE NÓS MESMOS, FAVORECEMOS A OBTENÇÃO DA PRÓPRIA FELICIDADE:

> Efetivamente, podes mobilizar as palavras que desejes, sacando-as, indiscriminadamente, da terminologia criada pelos homens, entretanto, em favor da própria felicidade, escolhe para teu uso pessoal, no cotidiano, aquelas que se fazem aceitáveis perante Deus. Fácil a seleção.
>
> **(Frase extraída do capítulo "Deus é amor".)**

É evidente que as palavras devem ser bem empregadas, principalmente expressando nossos bons sentimentos, emoções e pensamentos, pelos impactos, poderes, repercussões e influências que exercem.

Então, precisamos mantê-las sob a vigilância do senso moral. Empregando-as com gentileza e bom-senso influenciamos adequadamente as pessoas que estão ao nosso lado.

Dessa forma, convertemo-las em instrumento de nossa própria felicidade.

- COLOCANDO O SENTIMENTO NO MESMO NÍVEL DO RACIOCÍNIO, PELA PRÁTICA DAS LIÇÕES DO CRISTO, VEMOS A FELICIDADE SE ESTABELECER EM NÓS:

> Tudo nos convida ao retorno para o Cristo. Não queremos dizer que a riqueza, a instrução, a abundância e a ciência não devam ser glorificadas, mas sim que é indispensável alçar o sentimento ao nível do raciocínio, a fim de que a felicidade não seja um conceito vazio entre os homens.
>
> **(Frase extraída do capítulo "Nos tempos novos".)**

As lições de Jesus nos orientam na prática das virtudes indispensáveis para o nosso progresso moral. Este deve ser alçado ao mesmo nível do progresso intelectual.

Então, não há perigo do mau uso da intelectualidade, com prejuízos para o próximo e nós mesmos.

Com Jesus, o amor orienta o raciocínio, favorecendo o despontar da felicidade.

- OPERANDO NO CUMPRIMENTO RETO DO DEVER, OBTEMOS O EQUILÍBRIO, A PAZ E A FELICIDADE:

> Em nosso favor, os créditos do equilíbrio, da paz e da felicidade íntima, no dever retamente cumprido, com o serviço em nossas mãos.
>
> **(Frase extraída do capítulo "Continuar e recomeçar".)**

O cumprimento dos nossos deveres perante a família, o trabalho e a sociedade nos garante créditos e méritos valiosos. Então, somos favorecidos com o bem-estar.

Cumprindo retamente os deveres, reunimos os ingredientes da fórmula que compõe a felicidade na alma.

- ATENUANDO A INFELICIDADE DAQUELES QUE SÃO MENOS FELIZES, AMPLIAMOS A NOSSA PRÓPRIA FELICIDADE:

> Há quem diga que a felicidade do céu é diminuir a infelicidade da Terra ou extinguir esse mesmo infortúnio. Verdade bela e simples, ser-nos-á lícito transferi-la para o nosso caminho pessoal, compreendendo que a felicidade maior dos que se tornam felizes será sempre atenuar a infelicidade que ainda assedie a existência dos nossos irmãos menos felizes.
>
> **(Frase extraída do capítulo "Conforto e nós".)**

Realmente, nos caminhos da vida encontramos facilmente pessoas que se tornaram infelizes por reações indevidas ante os acontecimentos constrangedores; fracassos ante as missões ou provas; e atitudes e ações inconvenientes mantidas perante a vida e os semelhantes.

Mas, com espírito fraterno, benevolente e solidário devemos socorrer e atenuar os males suportados por essas pessoas sofredoras.

Assim, reduzimos os infortúnios alheios, ampliando a nossa própria felicidade com a satisfação do dever moral plenamente cumprido.

- O CAMINHO DE ASCENSÃO À FELICIDADE REAL ESTÁ NO CULTO DO EVANGELHO NO LAR E NO CONTATO COM OS ENSINAMENTOS DE JESUS:

> O culto do Evangelho em casa - pelo menos uma vez por semana - ser-vos-á uma fonte de alegrias e bênçãos. Renovemos o contato com os ensinamentos de Jesus, tanto quanto nos seja possível, e não somente o lar que nos acolhe se transformará em celeiro de compreensão e solidariedade, mas também a própria vida se nos fará luminoso caminho de ascensão à felicidade real.
>
> **(Frase extraída do capítulo "Evangelho em casa".)**

O culto do evangelho no lar nos capacita a aplicar no cotidiano as lições evangélicas.

Pondo em ação as lições e os exemplos de Jesus, adotamos as boas atitudes e ações, melhoramos os relacionamentos, eliminamos conflitos, valorizamos as bênçãos de Deus, sentimos na alma a alegria da ascensão moral e espiritual, e desfrutamos dos resultados do engrandecimento no modo de ser e agir, caminhando seguros para a felicidade verdadeira.

LIÇÃO DO ESPÍRITO BEZERRA DE MENEZES SOBRE A FELICIDADE

25

A ORIENTAÇÃO DO ESPÍRITO Bezerra de Menezes, psicografada por Chico Xavier, vem no sentido de nos estimular a alcançar a própria felicidade, fazendo os outros felizes:

> Quem deseja a verdadeira felicidade há de improvisar a felicidade dos outros.
>
> **(Livro *Dicionário da alma*, de edição FEB.)**

Realmente, vencendo o orgulho e o egoísmo, conseguimos ajudar os outros a obter a felicidade, com o apoio fraterno espontâneo e despretensioso que lhes direcionamos; e com os donativos e gestos de solidariedade, gentileza e cortesia que lhes ofertamos.

É assim que, improvisando a felicidade alheia, sentimos na alma a satisfação do dever moral cumprido. Então, surgem o bem-estar, a alegria e a felicidade.

A felicidade gera a felicidade. Trata-se de um processo contagioso no sentido de que gerando o contentamento na alma dos outros, contagiamos a própria alma com a satisfação íntima.

Então, sentindo as influências positivas que recebemos

pelo aumento do bem-estar do próximo, com as nossas ações fraternas, sentimos a elevação da nossa própria felicidade.

Que saibamos, portanto, no intuito de incrementar a própria felicidade, improvisar no cotidiano a felicidade alheia.

Inevitavelmente, despertaremos em nós mesmos uma felicidade cada vez maior.

26

LIÇÃO DO ESPÍRITO CAIRBAR SCHUTEL SOBRE A FELICIDADE

A lição do Espírito Cairbar Schutel nos ensina que devemos empreender esforços para obter a satisfação e a felicidade no local de trabalho em que fomos colocados pela Providência Divina.

Cada trabalho realizado, principalmente o considerado difícil ou áspero, porque exigiu de nós maior empenho das faculdades, nos beneficia com a aquisição ou aumento de conhecimentos, experiências, habilidades e progresso.

Além disso, é graças ao trabalho, mesmo o doméstico, que estreitamos as relações amigáveis e fraternas com os semelhantes; empregamos de modo útil os valores intelectuais e morais na melhoria das condições de vida; e aprimoramos o modo de convivência e relacionamento com outros aos lhes beneficiar com os bens e serviços que produzimos.

Portanto, nosso trabalho não é somente fonte de resultados materiais ou dinheiro. Além de beneficiar os familiares, o próximo e a sociedade, beneficia a nós mesmos, pois fazemos bom aproveitamento da valiosa oportunidade de ser produtivos e crescer em criatividade, boa vontade, paciência, dedicação, perseverança, responsabilidade e honestidade.

Em resumo, é trabalhando honestamente e com responsabilidade, que somos favorecidos com os bons resultados, a satisfação, a alegria e a felicidade.

> Cada um de nós está no lugar de trabalho onde pode ser mais feliz e não devemos ter a presunção de esperar encontrar-nos onde mais nos agrade.
>
> Se o campo é áspero, trabalhemos a terra, e se ela não nos responde ao carinho de agricultor, tenhamos paciência até que o adubo da nossa perseverança e o suor do nosso sacrifício fecundem esse solo, onde a semente do amor do nosso Pai, transforme toda a gleba numa seara inteira...
>
> **(Texto do espírito Cairbar Schutel, psicografado por Divaldo Pereira Franco, e extraído do capítulo "Trabalho e paciência", do livro *Sol de esperança*, de edição Livraria Espírita "Alvorada" Editora.)**

27 LIÇÕES DO ESPÍRITO EMMANUEL SOBRE A FELICIDADE

O Espírito Emmanuel nos legou, através da mediunidade de Chico Xavier, as seguintes lições que nos orientam adequadamente sobre o modo de obtermos a felicidade:

- EDIFICAMOS A PRÓPRIA FELICIDADE, TRABALHANDO PARA CONSTRUIR A FELICIDADE ALHEIA:

> Trabalha sempre, notadamente construindo a felicidade alheia e estarás edificando a própria felicidade.
>
> **(Frase extraída da mensagem "Caminho de luz", contida no livro *Nascer & renascer*, de edição GEEM.)**

Sem dúvida, quando trabalhamos para fazer os outros felizes concorremos para edificar a própria felicidade.

O que fazemos em benefício da felicidade alheia, pela realização das boas obras, pela lei de causa e efeito, se reverte naturalmente em alegria e felicidade para nós mesmos.

- ACEITANDO, SUPORTANDO E VENCENDO OS PROBLE-

MAS, PROVAS, TAREFAS E INQUIETAÇÕES COM CAUTELA E BOAS DIRETRIZES PARA A VIDA, PREPARAMOS UM FUTURO REPLETO DE PAZ, LUZ, COISAS BOAS E FELICIDADE:

> Aceitemos os problemas e as inquietações que a Terra nos impõe agora, atendendo aos nossos próprios desejos, na planificação que ontem organizamos, fora do corpo denso, e tenhamos cautela com o modo de nossa movimentação no campo das próprias tarefas, porque, conforme as nossas diretrizes de hoje, na preparação do futuro, a vida nos oferecerá amanhã paz ou luta, felicidade ou provação, luz ou treva, bem ou mal.
>
> **(Frase extraída da mensagem "Fatalidade e livre-arbítrio", contida no livro *Nascer & renascer*, de edição GEEM.)**

Com certeza, na presente encarnação estamos cumprindo os planos evolutivos que traçamos na vida espiritual para nós mesmos.

Então, surgem, neste mundo, as missões, provas e/ou expiações, que precisamos vencer com sabedoria e amor para ascender na hierarquia verdadeira.

As dificuldades e aflições são inerentes ao nosso processo evolutivo. São oportunidades para obtermos conhecimento e experiência; aprimoramento no uso das faculdades e o progresso.

Por isso, devemos enfrentá-las como o bom aluno que sai da escola amadurecido com os problemas que aprendeu a resolver e com os aprimoramentos que obteve no uso das faculdades da alma.

Portanto, perante as tribulações da vida, devemos agir com paciência, sabedoria, cautela e diretrizes morais certas. Então, saímos vitoriosos, edificando o futuro venturoso que tanto planejamos.

- ALIVIAR AS AFLIÇÕES DOS QUE NOS CERCAM, PARA FUGIR DA ILUSÃO DA FELICIDADE EGOÍSTA:

> Enquanto houver um gemido na paisagem em que nos movimentamos, não será lícito cogitar da felicidade isolada para nós mesmos.
>
> **(Frase extraída do Capítulo "Felicidade", do livro *Dicionário da alma*, de edição FEB.)**

De fato, a felicidade, para ser verdadeira, deve estar alicerçada na prática da fraternidade e da solidariedade; no engrandecimento da vida em sociedade.

Ao buscarmos o bem-estar da coletividade que nos cerca, não nos iludimos em atender exclusivamente a nossa tendência ao egocentrismo ou egoísmo.

Trabalhar sempre em nosso próprio benefício, mas, simultaneamente, sem deixar de eliminar a dor e a infelicidade alheia.

Então, participamos ativamente da construção do paraíso terrestre que tanto sonhamos.

- DIVIDINDO A NOSSA FELICIDADE COM OS OUTROS, MULTIPLICAMOS A PRÓPRIA FELICIDADE:

> Felicidade sozinha será, decerto, egoísmo consagrado. Toda vez que dividimos a própria felicidade com os outros, a felicidade dos outros, devidamente aumentada, retorna dos outros ao nosso coração, multiplicando a felicidade verdadeira dentro de nós.
>
> **(Frase extraída da mensagem "Diante da vida social", do *Livro da esperança*, de edição CEC.)**

Evidentemente, o espírito cristão nos leva a dividir as nossas boas condições de vida e o nosso estado de espírito feliz com as pessoas que fazem parte do nosso círculo familiar e de nossas atividades profissionais e sociais.

Assim, aumentamos a felicidade dos semelhantes, mas, ao mesmo tempo, multiplicamos a própria felicidade com os reflexos positivos das nossas boas ações.

O bem que fazemos aos outros retorna sempre para nós mesmos, em decorrência da lei de causa e efeito que rege o uso que fazemos do livre-arbítrio.

Portanto, é felicitando a alma do próximo que ampliamos ainda mais as bênçãos que já dispomos na vida para ser felizes.

- A FELICIDADE RESULTA DA IMPROVISAÇÃO DO BEM:

> A felicidade é uma equação de rendimento do esforço da criatura, na improvisação do bem e na extensão dele.
> **(Frase extraída do Capítulo "Felicidade", do livro *Dicionário da alma*, de edição FEB.)**

Incontestavelmente, com a prática do bem disponibilizamos para o próximo a fonte de muitas alegrias. Com isso, multiplicamos a própria felicidade.

- A FELICIDADE MAIOR SURGE COM A PRÁTICA DO AMOR QUE NOS LIGA DEFINITIVAMENTE A DEUS:

> A maior felicidade de nossa alma virá no dia em que nos sentirmos integrados no amor divino, como a gota d'água dentro do oceano.
> **(Frase extraída do Capítulo "Felicidade", do livro *Dicionário da alma*, de edição FEB.)**

Realmente, estar aliado a Deus, pela prática do amor e a realização das boas obras, é viver num oceano de bênçãos.

Para isso, devemos seguir os ensinos e exemplos daquele que revolucionou os paradigmas das relações humanas: Jesus.

Ao vivermos integrados ao Criador de todas as coisas, cumprindo Suas Leis, praticando o amor e realizando as obras que glorificam o Pai, geramos a felicidade para o próximo, beneficiando a nós mesmos.

- CONSTRUÍMOS A PRÓPRIA FELICIDADE OFERECENDO SEGURANÇA E CONTENTAMENTO AO PRÓXIMO:

> Realizando a segurança e o contentamento para os outros, construímos a nossa própria felicidade.
>
> **(Frase contida no Capítulo "Felicidade", do livro *Dicionário da alma*, de edição FEB.)**

Sem dúvida, o sentimento de segurança e contentamento entra na composição do bolo da felicidade.

Quando ofertamos despretensiosamente esses ingredientes para as pessoas que nos cercam, através dos nossos gestos de gentileza, cortesia, fraternidade e solidariedade, cedemos importantes elementos da receita que resulta, no final, na elevação da própria felicidade.

- A FELICIDADE DECORRE DA FELICIDADE QUE DAMOS AOS OUTROS E DOS BENS QUE DISTRIBUÍMOS COM A PRÁTICA DA CARIDADE:

> Toda a felicidade do espírito provém da felicidade que deu aos outros, todos os seus bens são oriundos do bem que espalhou desinteressadamente.
>
> **(Frase extraída do Capítulo "Felicidade", do livro *Pérolas do além*, de edição FEB.)**

Inquestionavelmente, colhemos os frutos doces da felicidade que espalhamos ao redor com a semeadura da prece, bons sentimentos, pensamentos elevados, palavras gentis e atos fraternos.

- A FELICIDADE É ALCANÇADA COM O CUMPRIMENTO DOS DEVERES ASSUMIDOS:

> A felicidade tem base no dever cumprido.
>
> **(Frase extraída do Capítulo "Felicidade", do livro *Palavras de Emmanuel*, de edição FEB.)**

De fato, o cumprimento dos deveres com honestidade e responsabilidade perante a família, o trabalho e a sociedade garante a paz na consciência.

Nisto está, evidentemente, a causa do equilíbrio interior e do bem-estar que conservamos na alma.

- A RENOVAÇÃO DA ALMA, PELA PRÁTICA DO BEM, GARANTE A FELICIDADE:

> O homem renovado para o bem é a garantia substancial da felicidade humana.
>
> **(Frase extraída do Capítulo "Felicidade", do livro *Palavras de Emmanuel*, de edição FEB.)**

Evidentemente, não importa quais foram os erros cometidos na seara da vida. O importante é a renovação pela volta à prática persistente do bem.

Com a alma renovada, apagamos o passado infeliz. Então, desfrutamos dos benefícios das boas obras que passamos a espalhar.

Com os méritos morais e espirituais decorrentes disso vemos ressurgir a própria felicidade.

- A BONDADE PROMOVE A ALEGRIA E ESTA TRAZ A FELICIDADE:

> Felicidade, no fundo, é bondade crescente para que a alegria se faça maior.
>
> **(Frase extraída no Capítulo "Bem de todos", do livro *Justiça Divina*, de edição FEB.)**

Realmente, a bondade no coração é fonte de muitas alegrias. Portanto, quanto maior for a nossa bondade, maior será a alegria para as pessoas que convivem conosco e para nós mesmos.

Então, exteriorizando a bondade que já sentimos no coração, multiplicamos a alegria alheia, edificando a própria felicidade.

- A FELICIDADE SURGE COM O BOM USO DA INTELIGÊNCIA E O EMPREGO ADEQUADO DOS SENTIMENTOS NA CONSTRUÇÃO DO BEM E DA VERDADE:

> Jesus, o Mestre por excelência, nos ensinou, acima de tudo, a viver construindo para o bem e para a verdade, como a dizer-nos que a chama da cabeça não derrama a luz da felicidade sem o óleo do coração.
>
> **(Frase extraída do Capítulo "Supercultura", do *Livro da esperança*, de edição CEC.)**

É evidente que a sabedoria e o amor precisam estar unidos, como recursos pessoais, para que consigamos acender a luz da felicidade.

Unindo as qualidades intelectuais aos sentimentos amorosos espalhamos o bem e a verdade. Então, fazemos brilhar a luz da felicidade.

Que saibamos, portanto, aplicar no cotidiano as lições espíritas que nos levam a empreender esforços para equiparar o nível de progresso moral ao intelectual.

Assim, disseminamos o bem e a verdade, expandindo a felicidade para todos.

- EMPREGANDO BEM OS DONS CONCEDIDOS POR DEUS SUPERAMOS A DOR, O OBSTÁCULO, A DESILUSÃO E O CONTRATEMPO. ASSIM, APROVEITAMOS AS OPORTUNIDADES DE CAMINHAR PARA A OBTENÇÃO DE UMA FELICIDADE MAIOR:

> Saibamos agradecer ao Senhor os dons de que fomos aquinhoados. Dor é aviso, obstáculo é medida de resistência, desilusão é reajuste, contratempo é lição. Se sabemos aceitá-los, transformam-se-nos sempre em dispositivos para a obtenção da felicidade maior. Isso ocorre, porque, na maioria das ocasiões, os desapontamentos nada mais são que oportunidades a fim de que as nossas emoções se façam respostas na órbita de nossos deveres ou para que os nossos raciocínios se recoloquem na direção de Deus.
>
> **(Frase extraída do Capítulo 38, do livro *Paz e renovação*, de edição IDE.)**

Realmente, Deus concedeu-nos dons, bênçãos, faculdades e potencialidades para vivermos bem, vencendo as dificuldades, dores, provas e missões que enfrentamos na jornada evolutiva terrena.

Aceitando com entendimento e paciência os contratempos

que surgem na vida, aproveitamos as oportunidades para o engrandecimento da mente e do coração.

Então, fortalecidos, superamos adequadamente os problemas, contratempos e desapontamentos, cumprindo os deveres que nos propiciam evoluir em conhecimento, experiência e habilidade.

Portanto, é valorizando as oportunidades de obter maior progresso intelectual e moral que edificamos e desfrutamos da felicidade maior que buscamos.

- DEVEMOS SEMPRE RESPONDER ÀS VIBRAÇÕES CONTRÁRIAS À NOSSA FELICIDADE, COM A MENSAGEM DE HARMONIA E AMOR, PROPICIANDO AO NOSSO ADVERSÁRIO UMA FELICIDADE MAIOR:

> Se alguém te desfecha vibrações contrárias à tua felicidade, endereça a esse alguém a tua silenciosa mensagem de harmonia e de amor com que lhe desejes felicidade maior.
>
> **(Frase extraída do Capítulo 20 do livro *Paz e renovação* de edição IDE.)**

É notório que encontramos facilmente pessoas interessadas em nos prejudicar e destruir o nosso bem-estar.

Mas, quando agimos com bons sentimentos, pensamentos e atos, conseguimos que os inimigos revertam suas más intenções ao receberem a nossa mensagem de amor e harmonia.

Então, é revelando a grandeza que já acumulamos na alma que retribuímos o mal recebido com boas atitudes e ações.

Com essa resposta correta, ensinada e exemplificada por Jesus, desarmamos os inimigos, oferecendo-lhes atos de bondade.

Então, preservamos o próprio bem-estar, concorrendo para que eles elevem a própria felicidade.

- ALCANÇAMOS A FELICIDADE VERDADEIRA GERANDO A FELICIDADE DO PRÓXIMO

A felicidade que pode realmente não existir na Terra, enquanto a Terra padecer a dolorosa influenciação de um só gemido de sofrimento, pode existir na alma humana, quando a criatura compreender que a felicidade verdadeira é sempre aquela que conseguimos criar para a felicidade do próximo.

O primeiro passo, porém, para a aquisição de semelhante riqueza é o nosso entendimento das leis que nos regem, para que o egoísmo e a ambição não nos assaltem a vida.

Tudo na existência está subordinado a princípios que não podemos desrespeitar sem dano para nós mesmos, e, por esse motivo, a felicidade pura e simples é aquela que sabe retirar da vida os seus dons preciosos sem qualquer insulto ao direito ou à necessidade dos semelhantes.

Assim, pois, tudo aquilo que amontoamos, no mundo, em torno de nós, a pretexto de desfrutar privilégios e favores com prejuízo dos outros, redunda sempre em perigosa ilusão a envenenar-nos o espírito.

Felicidade é como qualquer recurso que só adquire valor quando em circulação em benefício de todos.

Em razão disso, saibamos dar do que somos e a distribuir daquilo que retemos, em favor dos que nos partilham a marcha, porque somente a felicidade que se divide é aquela que realmente se multiplica para ser nossa alegria e nossa luz, aqui e além, hoje e sempre.

(Trecho extraído do livro *Inspiração*, de edição FMG de 1978/1979.)

Incontestavelmente, devemos criar a felicidade do próximo com os nossos atos fraternos, para alcançarmos a felicidade verdadeira.

Essa deve ser a nossa preocupação na vida, pois é uma decorrência do princípio cristão "fazer ao próximo, o que queremos que ele nos faça".

Evidentemente, aplicando no cotidiano esse princípio cristão, crendo realmente que somos membros da família de Deus, cumprimos as leis do Pai, espalhando o bem e a fraternidade, sem esperar reciprocidade ou retribuição.

Com esse entendimento e propósito na alma, conseguimos, então, empreender os esforços que nos levam a vencer o egoísmo e a ambição; praticar o amor fraterno; suprir as nossas necessidades e os nossos desejos, sem ferir os direitos alheios; não prejudicar ou obstar os outros na conquista do que é essencial ao seu bem-estar.

Reter recursos, bens, benefícios e privilégios de modo egoísta e avarento é impedir o acesso dos outros às riquezas que os beneficiam e felicitam. Então, sentimos em nós mesmos as repercussões disso, pela conspiração do próximo contra a nossa suposta posição confortável e felicidade.

Ao dividirmos as conquistas e os tesouros amealhados, com espírito bondoso e fraterno, multiplicamos as fontes de alegria e felicidade daqueles que nos cercam, conquistando, num esquema de auxílio mútuo, o progresso e o bem-estar.

- A FELICIDADE SUPREMA DEPENDE DE NOSSA UNIÃO PERMANENTE COM DEUS:

> Trabalharemos e sofreremos, assim, por amor, pelos séculos adiante, ajudando-nos uns aos outros a erguer a felicidade de nosso nível, até que possamos entrar, todos juntos na suprema felicidade que consiste em nossa união com Deus para sempre.
>
> **(Frase extraída do Capítulo "Nas leis do amor", do livro *Justiça Divina*, de edição FEB.)**

Realmente, só alcançaremos o estágio superior de progresso, condições elevadas de vida e felicidade, em mundos mais elevados que a Terra ou nas esferas mais altas da vida espiritual.

Mas, para isso, precisamos ter conquistado maior sabedoria e amor, que nos possibilitem a plena compreensão e união com Deus.

Isso é motivo de esperança para nós; de estímulos para continuarmos os trabalhos, esforços e lutas que beneficiam a nós próprios e os que nos cercam.

Atualmente, estamos envolvidos ainda com as missões árduas a cumprir; provas difíceis a suportar; qualidades e valores a incorporar incessantemente na alma. Mas, em decorrência disso, alcançaremos o pleno progresso intelectual e moral, que fortalece cada vez mais a nossa aliança com Deus e nos aproxima da felicidade suprema.

Portanto, cabe-nos persistir no bom caminho; cumprir as leis de Deus; ascender na hierarquia espiritual para estabelecer a união definitivamente com o Criador de todas as coisas.

Aumentando a sabedoria e o amor, percorremos mais facilmente o caminho certo e único que nos conduz à vida superior e feliz que tanto almejamos.

28 LIÇÕES DO ESPÍRITO IRMÃ MARIA DO ROSÁRIO SOBRE A FELICIDADE

O Espírito Irmã Maria do Rosário escreveu, através da mediunidade de Lúcia Cominatto, o excelente livro *Na educação da alma*, publicado pela Editora EME.

No capítulo "Felicidade", legou-nos lições valiosas, que permitiram a composição dos seguintes passos que nos conduzem à felicidade duradoura:

- A FELICIDADE É SUSTENTADA PELA FÉ EM DEUS QUE NOS PERMITE ACEITAR E ENFRENTAR BEM AS VICISSITUDES DA VIDA:

> Quantas pessoas vivem a sonhar com a felicidade, esquecidas de que, para ser feliz, é preciso construir dentro de si aquela fé inquebrantável, que as leva a aceitar as maiores dores e dificuldades com que a vida se lhe apresente, sem entregarem-se ao desespero ou à revolta, pela não aceitação.

De fato, a compreensão de Deus e Seus atributos, bem como do contexto grandioso em que estamos inseridos na Obra da Criação, fortalece a nossa confiança no Pai Eterno.

Com isso, conseguimos ter resignação e agir adequadamente ante as dores e dificuldades. Então, continuamos cumprindo as missões e superando as provas, algumas delas pesadas, mas convencidos de que elas nos auxiliam a progredir em termos intelectuais e morais.

Conscientes das tarefas, responsabilidades e lutas evolutivas que temos que suportar para obter o progresso e a felicidade, enfrentamo-las com confiança em Deus, coragem, sabedoria e esperança em uma vida futura melhor.

Então, ante as tribulações e vicissitudes da vida, que testam as nossas capacidades, nos dão experiências e nos beneficiam interiormente com o passar do tempo, sentimos que a nossa fé em Deus ameniza os confrontos, tornando-os mais fáceis de serem vencidos.

A fé inabalável em Deus, construída com as lições e os exemplos de Jesus, desperta em nós calma, paciência, resignação, bom-senso. Então, com a grandeza moral, superamos os momentos difíceis.

É desse modo que nos sentimos fortalecidos e preparados para desfrutar das conquistas materiais e espirituais, bem como da felicidade que perdura com a fé em Deus e a esperança de estarmos edificando um futuro cada vez melhor.

- A FELICIDADE DEVE SER MANTIDA, EMBORA SUPORTANDO A DOR QUE DECORRE DA SEMEADURA NEFASTA QUE FIZEMOS NO PASSADO DISTANTE:

> Se tu vives num mundo de provas e de expiações, é natural que atravesses momentos em que a dor te atinja, pois, tudo por que passas nesta vida, são colheitas da semeadura que fizeste num passado do qual não mais te recordas.

De fato, estamos sempre sob a égide das missões e provas, quando não das expiações impostas pela lei de causa e efeito.

Assim, vivemos colhendo o que semeamos de bom ou de ruim no presente ou no passado remoto.

Por isso, muitas vezes, suportamos as provas expiatórias, que visam a reeducação perante as leis e a reparação das consequências dos erros cometidos. Com a regeneração decorrente, preparamos condições mais confortáveis de vida no futuro.

O momento atual é, portanto, oportunidade valiosa de trabalho e de engrandecimento pessoal pela disseminação do bem e realização das boas obras. Aproveitando essa bênção concedida por Deus, fazendo a nossa parte, construímos o futuro venturoso que tanto almejamos.

- A FELICIDADE NÃO DEPENDE EXCLUSIVAMENTE DE NOSSA FORTUNA MATERIAL, NEM DOS PRAZERES QUE ELA NOS PERMITE USUFRUIR:

> Nem mesmo a fortuna e todos os prazeres que ela te permita usufruir, te farão realmente felizes.

Com certeza, é ilusão buscarmos a felicidade apenas através do dinheiro farto. Essa falácia se converte logo em frustração. Com o condicionamento aos valores terrenos, os problemas de ordem física, espiritual e moral logo aparecem, "estourando a bolha de sabão da felicidade feita apenas com um sopro".

Os confortos e os gozos dos prazeres materiais não propiciam uma felicidade real, por não estarem, ao mesmo tempo, alicerçados nos valores morais e espirituais. Muitas histórias de pessoas que ficaram ricas converteram-se logo em desastres, por falta de senso moral, prudência e juízo.

Por isso, não devemos viver exclusivamente condicionados em obter muito dinheiro, às vezes praticando crimes, para desfrutar dos prazeres materiais.

A felicidade verdadeira exige também a conquista e prática dos valores morais. Sem estes, torna-se impossível alcançarmos a satisfação apenas com as conquistas materiais. Não conseguimos valorizar as alegrias propiciadas pelas coisas da Natureza, nem pelas companhias elevadas.

Desse modo, o dinheiro por si só não traz a felicidade. Esta deve ser conquistada como uma decorrência natural do trabalho honesto e da boa administração dos recursos com os valores morais e espirituais.

Então, a felicidade efetivamente se instala na alma pela estrutura sólida de vida que edificamos, bem como da boa convivência que mantemos com as pessoas que nos cercam, ao exteriorizarmos generosidade, cortesia, gentileza, modéstia, sabedoria e satisfação.

- A FELICIDADE VERDADEIRA DECORRE DA PAZ NA CONSCIÊNCIA, PROPICIADA PELO BEM QUE FOI REALIZADO:

> A verdadeira felicidade encontrarás na paz de consciência, por reconheceres que nada fizeste de errado e não prejudicaste a ninguém. E, mais ainda, no bem que puderes plantar pelos caminhos que percorreres em tua jornada terrena.

De fato, a felicidade verdadeira surge com a paz na consciência. Esta é propiciada pela prática do bem e pelos benefícios e gentilezas que estendemos ao próximo ao agirmos de modo fraterno e solidário.

Portanto, busquemos manter a paz na consciência com o cumprimento reto dos deveres morais; o modo elevado de agir todo momento; a satisfação de semear o bem na vida em família, no ambiente de trabalho e na sociedade.

- A FELICIDADE É CONSTRUÍDA COM A REALIZAÇÃO DOS DEVERES DE AMOR E CARIDADE, BEM COMO COM A ACEITAÇÃO SERENA DAS ADVERSIDADES DA VIDA:

> Constrói dentro de ti a felicidade que desejas alcançar, realizando hoje, com alegria, todos os teus deveres de amor e de caridade e aceitando, com serenidade, todas as adversidades que surjam em teu viver.

É evidente que observar a lei de amor, justiça e caridade é construir com segurança uma vida de progresso e felicidade.

Com o amor no coração, exteriorizamos os atos de justiça e caridade. Então, vemos vibrar na alma os reflexos das alegrias alheias e, com isso, ampliamos a própria felicidade.

Porém, isso não nos evita de ter que enfrentar e superar com serenidade as contrariedades que podem surgir no cotidiano.

Aconteça o que acontecer, com as virtudes na alma estamos sempre empenhados na construção do progresso e da felicidade que tanto desejamos alcançar.

- A FELICIDADE VERDADEIRA DEVE SER EDIFICADA COM VISTAS À VIDA FUTURA:

A felicidade não é deste mundo. (Eclesiastes.)

Se reconheceres que a felicidade não é deste mundo, haverás de preparar o teu coração e a tua alma para a verdadeira felicidade que te aguarda num amanhã de luz, ao usufruir das benesses celestiais que fizeres por merecer.

Evidentemente, a felicidade desfrutada na vida material é muito instável, em função dos acontecimentos ruins que podem surgir de modo inesperado.

Por isso, devemos aproveitar as concessões e bênçãos de Deus nesta jornada evolutiva para atingirmos o progresso verdadeiro, acumulando os tesouros intelectuais e morais.

Esses tesouros imperecíveis nos permitem desfrutar da vida presente com sabedoria e amor e buscar, na vida futura, as bem-aventuranças que foram prometidas por Jesus e que estão reservadas nas esferas superiores para as almas humildes, boas e justas.

Com a prática das lições evangélicas, empregamos as faculdades com sabedoria e amor, conquistando o progresso imperecível, e capacitando a nossa alma de ser promovida, no futuro, para as esferas espirituais elevadas, onde existem as boas companhias, os gozos da vida verdadeira e da felicidade real.

- OUTRA LIÇÃO DO MESMO ESPÍRITO SOBRE A FELICIDADE

Em complemento às lições acima apresentadas, no capítulo "Em busca da felicidade", contido no livro *Na sublimação da alma,* psicografado pela mesma médium e publicado pela mesma editora, encontramos importante ensinamento sobre o amor, que é a base do bem-estar:

> Só quando o verdadeiro amor puder reger todos os teus atos, é que realmente poderás considerar-te uma pessoa feliz.

Sem qualquer dúvida, só a conquista da sabedoria não basta para sermos realmente felizes. É o amor o sentimento que nos permite usar bem as faculdades intelectuais e realizar, ao mesmo tempo, os atos bondosos que engrandecem as condições de vida.

Então, é importante adquirir o saber e empregar corretamente as faculdades intelectuais. Mas, o amor é a segunda asa da alma, sem a qual ela não consegue alçar voo para o reino dos espíritos realmente sábios e felizes.

- MAIS LIÇÕES SOBRE A FELICIDADE

Ainda, complementando as lições que já vimos acima, no notável livro *Felicidade é algo que se aprende,* (da mesma médium e da mesma Editora), encontramos as seguintes lições que reforçam as nossas noções sobre como obter a felicidade verdadeira:

- A FELICIDADE DECORRE DA PRÁTICA DOS ENSINAMENTOS DE JESUS:

> Não te iludas, pensando encontrar felicidade, distante dos puros ensinamentos legados pelo mestre Jesus. Só vivenciando suas lições de amor, é que encontrarás a felicidade que almejas; só através da prática da caridade, é que sentirás aquela alegria interior, que nenhuma ilusão do mundo poderá proporcionar-te.
>
> Só com a prática constante dos atos de amor e caridade, preconizados nos ensinos deixados pelo divino mestre Jesus, é que encontrarás descanso para a tua alma atribulada e o reconforto de que necessitas para vivenciar a paz que almejas.
>
> Não duvides mais: o caminho certo é Jesus. Só com ele será feliz.
>
> **(Capítulo "Nas vielas da vida".)**

Portanto, como já vimos anteriormente inúmeras vezes, Jesus, é o mestre do amor e da caridade, que nos capacita realmente para a conquista da felicidade real.

Assim, precisamos investir na própria evangelização. Com isso, conseguimos vivenciar no cotidiano os ensinamentos daquele que foi sábio e amoroso e soube nos conduzir para o caminho da verdadeira felicidade.

Ainda, no Capítulo "Ser feliz", do mesmo livro citado, fomos, mais uma vez, estimulados a praticar as virtudes que realmente nos engrandecem e tornam felizes:

- A FELICIDADE É ENCONTRADA NA BONDADE, FRATERNIDADE, AMOR, SIMPLICIDADE E HUMILDADE:

> Na busca da felicidade, não te satisfaças com as alegrias passageiras e fúteis. Constrói para ti mesmo a felicidade que desejas, sendo bom, fraterno, amoroso, simples e humilde de coração.
>
> Ampara os que sofrem provações maiores que as tuas; leva paz onde a perturbação impere; estende alegria onde as lágrimas sejam constantes; perdoa sem restrições os que te firam ou prejudiquem, e estarás no caminho certo para, realmente, sentir-te feliz.

Efetivamente, com as qualidades nobres e as condutas virtuosas acima relacionadas, realizamos o bem que nos faz progredir e construir a felicidade real.

- A FELICIDADE É UM ESTADO DE ESPÍRITO PAUTADO NO CONTENTAMENTO:

> A felicidade é uma conquista interior, é um estado de espírito daquele que se contenta com o que a vida lhe proporcione.
>
> A ambição desmedida, a inveja, o ciúme, a cobiça, o ódio e o egoísmo são empecilhos para a conquista da felicidade.

Efetivamente, as condutas inadequadas têm impacto negativo direto sobre o nosso grau de felicidade. Assim, devemos agir sempre com grandeza espiritual e moral, valorizando as bênçãos da vida e as oportunidades para obtermos a satisfação e o contentamento na alma.

É assim que atingimos o estado de espírito de paz, alegria e felicidade que tanto procuramos.

- A FELICIDADE É ALCANÇADA TRILHANDO O CAMINHO DO BEM:

> Felicidade não é um sonho quimérico; é uma certeza para aquele que procura trilhar o caminho do bem.

Realmente, só existe um caminho que nos leva à felicidade permanente: o da prática do bem.

Cabe-nos, portanto, trilhá-lo com coragem, perseverança e esperança. Com certeza, vamos chegar à porta aberta do paraíso, onde tudo gera a felicidade imperecível.

29

LIÇÕES DO ESPÍRITO ISABEL CAMPOS SOBRE A FELICIDADE

O Espírito Isabel Campos escreveu, através da mediunidade de Chico Xavier, três lições importantes, que nos orientam como edificar a própria felicidade. Elas estão contidas no livro *Dicionário da alma*, de edição FEB:

- NOSSA FELICIDADE NÃO DEPENDE DOS ANOS QUE VIVEMOS NA TERRA, MAS DAS BOAS CONQUISTAS QUE CONSEGUIMOS REALIZAR DURANTE O TEMPO VIVIDO:

> A nossa felicidade nasce, não dos anos que dispendemos a atravessar o mundo, mas sim dos bens que dentro deles conseguimos improvisar.

Realmente, os tesouros da sabedoria e do amor devem ser acumulados prioritariamente durante os nossos anos de vida, porque são imperecíveis e nos permitem agir corretamente em todas as circunstâncias da vida.

Dessa forma, incrementamos a própria felicidade.

- ENFRENTANDO SEM REVOLTA O MOMENTO DE DOR,

APROVEITAMOS A VALIOSA OPORTUNIDADE PARA EDIFICAR A FELICIDADE VERDADEIRA:

> A dor renova os caminhos espirituais. Muitas vezes, recusamos o material, quando a revolta aparentemente justa nos visita o espírito e perdemos a celeste aquisição de nossa felicidade verdadeira.

Qualquer momento de dor é difícil de ser suportado. Mas, com a noção espírita de que ela desempenha papel importante para a nossa evolução intelectual, moral e espiritual, devemos encará-la com coragem, paciência, resignação e esperança.

É fazendo o melhor ao nosso alcance nos momentos difíceis que criamos um futuro promissor e confortável.

Em outras palavras, é aproveitando a oportunidade de elevação da alma nos momentos constrangedores que progredimos e caminhamos para a felicidade verdadeira.

- APROVEITANDO A OPORTUNIDADE DE SERVIR EM BENEFÍCIO DA ELEVAÇÃO DOS OUTROS, PRINCIPALMENTE FAZENDO SACRIFÍCIO PESSOAL, SENTIMOS A FELICIDADE SURGIR EM NOSSA ALMA:

> Na estrada de purificação em que nos regozijamos, o discípulo mais feliz é aquele que se sente defrontado pelas maiores oportunidades de servir à elevação dos outros, ainda mesmo com absoluto sacrifício de si próprio à maneira de lâmpada que se consome para iluminar.

Com efeito, a conquista da própria felicidade passa pelo sacrifício que fazemos para beneficiar os outros e fazê-los felizes.

Então, a felicidade alheia desperta o bem-estar em nós mesmos, porque sentimos a repercussão favorável de termos ampliado a felicidade do próximo.

Portanto, para ampliarmos a própria felicidade não podemos menosprezar qualquer oportunidade de multiplicar a felicidade das pessoas que nos cercam. Com certeza, a satisfação será recompensadora.

30 LIÇÕES DO ESPÍRITO JOANNA DE ÂNGELIS SOBRE A FELICIDADE

O Espírito Joanna de Ângelis legou-nos, através da mediunidade de Divaldo Pereira Franco, as seguintes lições que nos orientam na execução da difícil tarefa de progredir verdadeiramente e conquistar a felicidade:

- A FELICIDADE DEVE ESTAR ALICERÇADA NA PRÁTICA DA CARIDADE, DECORRENTE DO ESPÍRITO DE TRABALHO, SOLIDARIEDADE E TOLERÂNCIA:

> Felizmente o Missionário lionês desde o princípio da Codificação Espiritista elegeu a Caridade como a base sobre a qual se levanta o edifício da felicidade e, ao mesmo tempo, consignou como normativas de segurança o Trabalho, a Solidariedade e a Tolerância, numa admirável síntese dos ensinos evangélicos.
>
> **(Texto extraído da mensagem "Céu e Inferno", contida no livro *Dimensões da verdade*, de edição Livraria Espírita "Alvorada" Editora.)**

Realmente, a prática da caridade é a verdadeira expressão do amor que dedicamos aos semelhantes. Assim, cada pensamento, palavra e ato caridoso devem ser considerados tijolos que assentamos na edificação da própria felicidade.

Mas, como norma de comportamento seguro, a prática da caridade decorre do espírito de trabalho, solidariedade e tolerância.

- A FELICIDADE REAL E DURADOURA DEVE SER CONQUISTADA COM A EDUCAÇÃO QUE BENEFICIA O PRÓXIMO, A DISCIPLINA QUE RENOVA O MUNDO ÍNTIMO E A INSTRUÇÃO QUE FORTALECE A ALMA PARA A VITÓRIA:

> Educar-se para conhecer, peregrinando pelos meandros da dor humana, a fim de solucionar os milenários enigmas do espírito encarnado; disciplinar-se com o objetivo de renovar as disposições íntimas, no sentido da evolução espiritual; instruir-se para vencer a sombra da ignorância tendo em vista o impositivo da vitória sobre si mesmo, são diretrizes desconsideradas por muitos que, todavia, possibilitam a felicidade em termos reais e duradouros.
>
> **(Texto extraído da mensagem "Serenidade", contida no livro *Dimensões da verdade*, de edição Livraria Espírita "Alvorada" Editora.)**

Com certeza, nosso progresso e vitória na jornada evolutiva dependem dos esforços que empreendemos na busca da educação e da instrução, com a disciplina que renova permanentemente as disposições e forças íntimas.

No esforço educativo contamos com o amparo dos educadores; na busca da instrução somos favorecidos pelos livros; e na disciplina somos mantidos pela própria consciência que nos mostra o valor da regularidade no aprimoramento intelectual e moral para a evolução da alma.

É assim que crescemos no aprimoramento íntimo, no

emprego adequado das faculdades e na melhoria das ações em todas as ocasiões da vida.

Com busca metódica de mais educação e instruções crescemos em conhecimentos, experiências e habilidades. Assim, cumprimos com sucesso os compromissos assumidos.

Mantendo a disciplina na elevação do nível de educação e instrução, fortalecemos as disposições íntimas que nos fazem caminhar sem tropeços para a obtenção da felicidade duradoura.

- O CONHECIMENTO DA VIDA ESPIRITUAL E DE SEUS MECANISMOS É INDISPENSÁVEL PARA EDIFICARMOS UMA FELICIDADE SÓLIDA:

> Sem o conhecimento da vida espiritual e dos mecanismos que a compõem, a felicidade não passa de uma aspiração emocional descontrolada que a realidade consome, deixando cinza e desencanto. O ser humano é viajante da Eternidade, momentaneamente utilizando-se de equipamentos físicos no corpo em que deambula, rumando para a meta essencial, onde a felicidade o aguarda.
>
> **(Texto extraído da mensagem "No rumo da felicidade", contida no livro *No rumo da felicidade*, de edição Departamento Editorial do Centro Espírita Dr. Bezerra de Menezes.)**

Efetivamente, com o conhecimento de nossa condição de espíritos encarnados e das leis a que estamos submetidos pelos desígnios de Deus cumprimos com mais facilidade a tarefa de evoluir em conhecimentos, experiências e habilidades na vida material.

A doutrina espírita, ao nos revelar o contexto verdadeiro e grandioso em que estamos inseridos na Obra da Criação, desperta em nós a coragem e as forças para vencermos as missões, provas e lutas que nos engrandecem em termos intelectuais e morais.

Com as valiosas lições do espiritismo, seguimos bem orientados e fortalecidos na trilha que nos conduz ao destino venturoso que nos aguarda.

- A ACEITAÇÃO DOS ACONTECIMENTOS DA VIDA É INDISPENSÁVEL PARA A SUSTENTAÇÃO DO NÍVEL DE FELICIDADE:

> A felicidade relativa é possível e se encontra ao alcance de todos os indivíduos, desde que haja neles a aceitação dos acontecimentos conforme se apresentam.
>
> **(Texto contido no Capítulo "Leis cármicas e felicidade", do livro *O homem integral*, de edição Livraria Espírita "Alvorada" Editora.)**

De fato, em nossa jornada evolutiva a felicidade é perecível, em função dos embates surgidos nas missões, provas e mesmo expiações.

Na vida, os acontecimentos desagradáveis surgem de modo inesperado afetando o estado de espírito, mas, quando são vistos sob o prisma da evolução das capacidades da alma, são enfrentados com aceitação, beneficiando-a no aprimoramento do uso das suas faculdades.

Muitas vezes, os acontecimentos surpreendentes nos encurralam num beco sem saída, mas, quando são aceitos com calma, paciência, resignação e submissão aos desígnios divinos, tomamos as iniciativas sábias, corajosas e prudentes que nos preservam dos desastres e nos ajudam a vencê-los com o engrandecimento das potencialidades da alma.

É enfrentando adequadamente os acontecimentos

constrangedores que aproveitamos a oportunidade valiosa de aprimorar as potências da alma e, assim, caminhar na senda do progresso que nos leva desfrutar, mais à frente, da felicidade imperecível.

- BUSCANDO O AMADURECIMENTO PSICOLÓGICO COM AS PROVIDÊNCIAS DE APRIMORAMENTO ÍNTIMO, E MANTENDO UMA VISÃO CORRETA E OTIMISTA DA VIDA, ALCANÇAMOS A FELICIDADE:

> O amadurecimento psicológico, a visão correta e otimista da existência são essenciais para adquirir-se a felicidade possível.
>
> Idear a felicidade sem apego e insistir para consegui-la; trabalhar as aspirações íntimas, harmonizando-as com os limites do equilíbrio; digerir as ocorrências desagradáveis como parte do processo; manter-se vigilante, sem tensões nem receios e se dará o amadurecimento psicológico, liberativo dos carmas de insucesso, abrindo espaço para o autoencontro, a paz plenificadora.
>
> **(Textos contidos no Capítulo "Leis cármicas e felicidade", do livro *O homem integral*, de edição Livraria Espírita "Alvorada" Editora.)**

Realmente, a vida exige de nós incontáveis providências para que ocorra o amadurecimento psicológico.

Entre elas estão o trabalho persistente na realização das aspirações íntimas; a vigilância para não cair em desequilíbrios, medos e tensões, principalmente quando surgem as ocorrências desagradáveis; e a busca insistente do progresso intelectual e moral que nos eleva na hierarquia verdadeira.

Com a conquista do amadurecimento psicológico e mantendo uma visão correta e otimista da existência, sem dúvida, caminhamos paulatinamente para a felicidade imperecível.

31 LIÇÕES DO ESPÍRITO MARCO PRISCO SOBRE A FELICIDADE

O Espírito Marco Prisco ditou, através da mediunidade de Divaldo Pereira Franco, as seguintes lições valiosas que nos recomendam empreender esforços para aplicar adequadamente no campo vasto da vida os meios, aptidões, dons e bens disponíveis. Assim, conquistamos a felicidade:

- EMPREGANDO OS RECURSOS, AS POSSIBILIDADES, O TEMPO E O TRABALHO NA PRÁTICA DA BENEFICÊNCIA, EM NOME DO AMOR DE DEUS, CHEGAMOS À FELICIDADE VERDADEIRA:

  Ofereça as mãos e doe suas possibilidades à beneficência e compreenderá que o mal não merece consideração, porque, fadados à luz e à verdade, sejam quais forem nossas limitações de hoje, o tempo e o trabalho, em nome do amor de Deus nos conduzirão à felicidade verdadeira, onde morrem todas as aflições, praticando a beneficência, que é também caridade.

  (Texto extraído do Capítulo "Beneficência", do livro *Glossário espírita cristão*, de edição Livraria Espírita "Alvorada" Editora.)

Com certeza, as limitações pessoais não devem obstar o nosso propósito firme de empregar as faculdades e os recursos na prática da beneficência. Assim, crescemos em possibilidades, habilidades, capacidades e méritos morais e espirituais.

Além disso, com dedicação ao trabalho e bom emprego do tempo, agindo aliados a Deus, disseminamos o bem e caminhamos para a felicidade verdadeira.

- A CONSTRUÇÃO DA PRÓPRIA FELICIDADE DEPENDE DA REALIZAÇÃO DA FELICIDADE ALHEIA:

> Sua felicidade começa quando a felicidade dos outros se realiza.
>
> Comece a felicidade onde sua realização felicite alguém e guarde a calma na luta, que é sempre um sinal de força e de confiança.
>
> **(Texto extraído do Capítulo "Conserve o equilíbrio", do livro *Glossário espírita cristão*, de edição Livraria Espírita "Alvorada" Editora.)**

É inquestionável que devemos aproveitar toda oportunidade e possibilidade para tornar os outros felizes, com os nossos gestos de amizade, gentileza, cortesia e principalmente caridade material e moral.

É assim que, felicitando as pessoas que nos cercam no lar, no ambiente de trabalho e na vida social, nos sentimos fortalecidos, confiantes, calmos e notadamente com a paz na consciência pelo dever moral retamente cumprido.

Dessa forma, despertamos na alma a alegria e a felicidade.

- COM O BOM APROVEITAMENTO DO TEMPO, ATINGIMOS A GLÓRIA, A SANTIFICAÇÃO E A FELICIDADE:

> Respeite o tempo, esse patrimônio valioso que o Senhor lhe concede para a glória de seu Espírito. Ele é o abençoado auxiliar de sua felicidade.
>
> Utilize a dádiva do minuto a minuto que passa e se extingue, utilizando-o como oportunidade de santificação e felicidade.
>
> Este é o instante de adquirir, no tesouro do tempo, os títulos de felicidade a que você aspira.
>
> **(Texto extraído do Capítulo "Através do Tempo", do livro *Glossário espírita cristão*, de edição Livraria Espírita "Alvorada" Editora.)**

Realmente, Deus nos concedeu cada período do tempo como se fosse uma nova página em branco no livro da vida, para que consigamos preenchê-la somente com as boas realizações.

Essa é a forma de respeitarmos o patrimônio valioso que nos foi concedido para a glória e santificação de nosso espírito.

Portanto, devemos realizar com dedicação as boas atitudes, ações e obras que beneficiam os que nos cercam, pois ao mesmo tempo nos fazem progredir e aproximar da nobreza.

A felicidade no espírito é sempre uma decorrência da satisfação experimentada no mundo íntimo e da paz na consciência gerando o bem-estar.

32

LIÇÕES DO ESPÍRITO MARIA DOLORES SOBRE A FELICIDADE

O Espírito Maria Dolores escreveu, através da mediunidade de Chico Xavier, a mensagem "Esquema de luz", contida no livro *A vida conta*, de edição CEU.

As lições contidas nessa mensagem nos estimulam a evitar as atitudes imaturas, substituindo-as por ações elevadas.

Se conseguirmos, nos momentos difíceis da vida, exteriorizar as boas qualidades e usar bem as capacidades da alma, unindo o amor à verdade, progredimos e edificamos a própria felicidade:

> Não chores. Trabalha sempre.

Realmente, o choro, por si só, não resolve nada. Pelo contrário, pode nos jogar na autopiedade desestruturando a nossa vida íntima. Por isso, precisamos permanecer sempre no trabalho persistente e honesto. Assim, vencemos as situações embaraçosas que surgem, continuando a edificar o progresso e criar melhores condições de vida para nós mesmos e para os que nos cercam. É assim que aumentamos a satisfação, a alegria e a felicidade.

Não condenes. Abençoa.

Evidentemente, condenar os outros pelas suas atitudes infelizes, por si só, desgasta ainda mais a relação, gerando antagonismo e desgaste emocional. Por outro lado, ligando o "desconfiômetro", percebemos que também estamos sujeitos a cometer as mesmas faltas nos momentos de provas difíceis, merecendo sofrer naturalmente as consequências. Por isso, ante os erros alheios, precisamos da compreensão, paciência, entendimento, perdão, palavras de reconciliação e concessão da oportunidade de reparação do erro cometido. Essas são as verdadeiras bênçãos que ofertamos, ao invés da simples condenação. Revelando espírito de fraternidade, tolerância, misericórdia e benevolência mantemos o equilíbrio íntimo e concedemos ao faltoso a chance de reparar o deslize, promover a própria regeneração e restabelecer o reequilíbrio moral.

Não te revoltes. Perdoa.

A revolta, por si só, agrava ainda mais o clima de contrariedade e os desequilíbrios íntimos decorrentes da ofensa recebida. Então, perdemos o controle íntimo e a saúde. Por outro lado, o perdão elimina de imediato o abalo emocional, preservando o nosso bem-estar. Portanto, quando demonstramos a capacidade de perdoar, ao invés de ter uma explosão de cólera e revolta, eliminamos o desejo de revide, contemos as palavras agressivas e nem pensamos em atos de vingança. Além disso, com o perdão acabamos com a fixação mental na ocorrência desagradável, preservando o bem-estar, a alegria e a felicidade.

Cultiva o amor fraternal.

O amor é o gerador das boas atitudes e ações perante os semelhantes. Os sentimentos amorosos assemelham-se aos insumos que propiciam a colheita farta de alegria e bem-estar. Por isso, devemos cultivar sempre o amor fraterno em observância ao mandamento ensinado e exemplificado por Jesus.

Não te detenhas. Prossegue.

Por que desistir tão logo os empecilhos apareçam? Por que não prosseguir até que a vitória surja? Por que não pôr em prática a lição evangélica que diz que aquele que persistir na caridade e no bem até o fim será salvo? De fato, o sucesso exige esforço, perseverança e bom ânimo nas empreitadas. Prosseguindo sempre nas boas realizações, elas se convertem em fonte de crescimento pessoal, méritos, alegria e felicidade.

Nada reclames. Confia.

Por que viver insatisfeito, reclamando de tudo? Por que gerar antipatia e repulsa com a nossa queixa contumaz? Quando encaramos os acontecimentos constrangedores e os momentos difíceis como bênçãos de Deus para o nosso aprendizado e progresso intelectual e moral, adotamos condutas elevadas. Então, aproveitamos a chance de crescer em sabedoria e bondade, aprimorando as qualidades e obtendo experiências. Com confiança em Deus e em nós mesmos conservarmos a força íntima e despertarmos os recursos íntimos que nos permitem vencer as tribulações, obstáculos e ações alheias infelizes. Assim, mantemos o espírito firme na edificação do bem, que resulta sempre em progresso, alegria e felicidade.

Busca a celeste alegria, doando o bem pelo mal.

A alegria verdadeira e imperecível está na acumulação dos valores espirituais e morais. Eles nos permitem retribuir o mal recebido com a prática do bem. É assim que nos colocamos acima dos acontecimentos perturbadores; libertamo-nos das pessoas que cultivam o mau caráter; persistimos na concretização do bem; e geramos em nossa alma o bem-estar crescente.

Não te lastimes. Espera.

Por que ficar lastimando o resultado das más ocorrências que testam as nossas habilidades e reações perante a vida? Lastimar nunca é uma boa solução. A lamentação destrói a nossa disposição de prosseguir na semeadura do bem ou na reparação dos danos que nos foram causados. Além disso, a queixa persistente gera antipatia, afastando os familiares e amigos que podem nos ajudar na solução dos problemas surgidos. Portanto, manter a calma, a paciência, o bom-senso e as ações elevadas nos momentos difíceis é a busca correta da solução com sabedoria. Dessa forma, superamos os acontecimentos desagradáveis, detemos os desgastes emocionais e prosseguimos nas lutas evolutivas que nos promovem para um estágio superior de vida.

Não combatas. Colabora.

Por que viver num clima de competição acirrada com as pessoas que nos cercam? Ninguém mantém a alegria e se torna feliz vivendo o dia a dia como se estivesse num campo de batalhas. A prosperidade material e espiritual exige, muitas vezes, uma competição honesta e sadia, mas, jamais destruidora e doentia. Por isso, cabe-nos colaborar espontaneamente com os outros para merecer reciprocidade na conquista do progresso. Colaborando fraternalmente para o próximo ser feliz, sem jamais cair na concorrência desleal, além de evitarmos momentos embaraçosos e inimizades, promovemos o coleguismo e o bem-estar coletivo.

> Serve e serve, hora por hora no ideal que te conduz.

Com Jesus, aprendemos a servir ao próximo com humildade e espírito fraterno. Assim, evitamos o egocentrismo e promovemos a felicidade alheia que nos torna também felizes com os benefícios espalhados. Quando temos o ideal de praticar o bem, colocamos a lei de causa e efeito a nosso favor. Assim, crescemos em experiência, gentileza e simpatia, obtendo a satisfação. É sustentando, portanto, o ideal de servir ao próximo, que progredimos e edificamos a cada dia uma vida melhor para os outros e para nós mesmos.

> Encontraremos mais cedo, no amor unido à verdade, a luz da felicidade em nosso esquema de luz.

Sem a prática do amor e a busca do conhecimento da verdade torna-se impraticável ser feliz. Quando estamos fortalecidos pelo entendimento da obra e observância das leis de Deus, e livres pelos resultados da prática do amor, buscamos o progresso verdadeiro e caminhamos céleres para desfrutar da tão sonhada felicidade imperecível.

33 LIÇÕES DO ESPÍRITO MARIA DO ROSÁRIO DEL PILAR SOBRE A FELICIDADE

A Editora EME publicou o valioso livro *A conquista da felicidade*, de autoria do espírito Maria do Rosário Del Pilar, psicografado por Eulália Bueno.

As lições seguintes, contidas nesse livro, são valiosas por nos conscientizarem que a felicidade duradoura não está na aquisição dos bens materiais, mas sim na conquista dos valores morais e espirituais:

- A FELICIDADE ESTÁ NA LIGAÇÃO COM DEUS, NA CONSCIÊNCIA DA IMORTALIDADE DA ALMA E NO CAMINHAR PARA A ANGELITUDE:

> Porque a angelitude é o teu destino final, recebes o cinzel da dor, que nada mais executa do que remover a casca que te impede de crescer, para que finalmente busques Deus, descubras tua imortalidade e acima de tudo seja libertado dos grilhões da escravidão o anjo que habita em ti e assim encontres a felicidade.
>
> **(Capítulo "A dor é opcional".)**

Com essa lição importante não devemos temer a dor; mas sim enfrentá-la com resignação, paciência e coragem, tudo fazendo de correto para eliminá-la, com a conquista do progresso.

Ela surge, geralmente, de modo inesperado, servindo de instrumento para que estabeleçamos a nossa firme aliança com Deus, à semelhança de Jesus; adquiramos a consciência de que o essencial é a imortalidade da alma, a vida espiritual e os valores intelectuais e morais; e caminhemos para a angelitude, que é o destino final a ser conquistado com a grandeza da sabedoria aliada ao amor.

- A FELICIDADE NÃO ESTÁ NA POSSE DOS BENS MATERIAIS, MAS NA ALEGRIA DE VIVER COM GRATIDÃO A DEUS:

> Talvez asseveres que as possibilidades econômicas não te facultam adquirir os bens sobre os quais apoias os sonhos de felicidade, sem te dar conta de que enquanto muitos se destroem nas disputas por possuí-los, outros, mesmo sem nada ter, ostentam, além da alegria de viver, uma infinita gratidão a Deus pelas circunstâncias em que se encontram.
>
> **(Capítulo "Ama o teu próximo como a ti mesmo".)**

O dinheiro ganho com o trabalho honesto, mesmo sendo pouco para a aquisição dos incontáveis bens materiais que nos prometem conforto e felicidade, enche-nos de satisfação, quando reconhecemos que contamos com as infinitas bênçãos de Deus, que precisam ser desfrutadas com alegria e gratidão.

Então, mesmo com enormes restrições orçamentárias, desenvolvamos a aliança com Deus e aproveitemos as circunstâncias em que fomos situados para empregar bem o dinheiro, obter o aprimoramento nas faculdades da alma e a ascensão intelectual, moral e espiritual, que nos garantam a felicidade verdadeira.

- A FELICIDADE NÃO DEVE SER PROCURADA NO LADO MATERIAL DA VIDA, MAS NA PRÁTICA DA CARIDADE, NAS COISAS QUE TRANSCENDEM À VIDA MATERIAL E QUE NOS LIBERTAM DO EGOÍSMO:

> Por toda parte os desabrigados, desnudos e famintos a desafiar o surgimento da caridade nos corações alheios.
>
> Os que não sofrem correm atrás da felicidade. Uma felicidade que nunca encontram porque a procuram somente no lado material da vida.
>
> Apoiam-na em coisas fúteis que logo mais terão de ser substituídas, assim como os anseios dos que a buscam.
>
> A Humanidade já desenvolveu recursos suficientes para entender que a felicidade transcende às coisas do mundo, mas ainda não consegue se desvencilhar dos seus apelos, por isso as lágrimas correm em abundância, como deveria ser o amor de uns pelos outros.
>
> Insistimos em repetir os mesmos erros, em poupar o melhor dos nossos sentimentos, e nos tornamos criaturas egoístas e solitárias.
>
> **(Capítulo "As lágrimas do mundo".)**

A felicidade imperecível só é encontrada com a prática da lei de amor, justiça e caridade, que promove a felicidade alheia. Está, portanto, no lado moral e espiritual da vida. Então, com o espírito de fraternidade e solidariedade nos libertamos do egoísmo e da solidão.

Além disso, a nossa felicidade aumenta com os méritos e resultados decorrentes das boas ações e com a acumulação dos valores que engrandecem a alma. Por isso, a felicidade verdadeira não está no lado material da vida. Ela está muito além das promessas de contentamento que nos são feitas quando somos estimulados à compra das coisas materiais. Está na nobreza moral e espiritual.

- NÃO DEVEMOS BUSCAR A FELICIDADE NOS CONFORTOS MATERIAIS, MAS NO APROVEITAMENTO DAS OPORTUNIDADES DE APRENDIZADO, NA APLICAÇÃO DOS CONHECIMENTOS E NA ELEVAÇÃO ESPIRITUAL QUE O LAR-ESCOLA CHAMADO TERRA NOS OFERECE:

> Se buscas incessantemente e por todos os meios, os confortos materiais, julgando que assim irás ser feliz, a breve tempo estarás extenuado e desiludido.
>
> Não há quem esteja na Terra a passeio e não traga pendências, algumas graves, para efeito de aprendizado.
>
> Com isso, será natural que surjam os obstáculos como avaliações periódicas a testar os conhecimentos adquiridos. Afinal de contas a Terra não é um exílio, mas um abençoado lar-escola.
>
> **(Capítulo "Conforto moral".)**

Nesta nova oportunidade de evolução que Deus nos concedeu para obtermos a ascensão na hierarquia espiritual pela conquista do progresso intelectual e moral, não podemos nos iludir com o brilho falso dos bens materiais. Esses recursos temporários nos foram concedidos por Deus em usufruto, na condição de depositários. Assim, não devem ser definidos como o objetivo da nossa vida terrena.

A nossa passagem por este lar-escola chamado Terra deve estar concentrada na aquisição dos valores imperecíveis: aqueles que a nossa alma leva para a vida espiritual após a morte de seu instrumento de manifestação na vida corporal.

Portanto, cabe-nos não ficar correndo somente atrás de miragens, pois os bens que nos propiciam confortos materiais são momentâneos.

Precisamos cumprir as missões, superar as provas e obstáculos e crescer em aprendizado, conhecimentos e experiências. Assim, fazemos a escalada espiritual que nos propicia o progresso consistente e a felicidade duradoura.

- NOSSO CONCEITO DE FELICIDADE SE ALTERA CONFORME NOSSA ELEVAÇÃO ESPIRITUAL, NOSSO ENTENDIMENTO DE DEUS, NOSSA COMPREENSÃO DA FINALIDADE DA VIDA E NOSSO ESTADO DE ESPÍRITO DECORRENTE DO CULTIVO DOS DONS DA ALMA:

> Todo ser traz enraizado em si a busca pela felicidade.
>
> Conforme evolui espiritualmente, as razões que o fazem feliz vão consequentemente se alterando.
>
> Na era do primitivismo impera a lei do mais forte, capaz de lhe garantir a sobrevivência, e cada vitória conquistada apresenta-lhe mais a sensação de felicidade.
>
> Vencida essa etapa, transfere esse estado interior para as aquisições materiais. Porque ainda não aprendeu a cultivar os dons do espírito, extenua-se repetidamente na ânsia de possuir cada vez mais.
>
> Seu ânimo altera-se frequentemente, vive constantemente deprimido por avaliar a sua felicidade sempre à conta dos bens adquiridos.
>
> Quando nada mais do que tem conforta-o, só então, volta-

> -se para Deus na busca desenfreada de um sentido maior para sua vida.
>
> Algo que justifique tudo pelo que passa, todos os obstáculos existentes, e lhe comprove que vale a pena o esforço para conquistar o que não é palpável e não pertence ao rol dos bens materiais, qual seja a tão sonhada felicidade.
>
> E só então descobre que ela não é a plenitude atingida pela soma de tudo que adquiriu, mas sim um estado de espírito que independe das condições materiais vivenciadas e se baseia no entendimento que o ser atinge para todas as coisas que o cercam.
>
> Há, por exemplo, aqueles que estão doentes e mesmo assim são felizes, em contraste com tantos que se encontram saudáveis, mas profundamente infelizes.
>
> Há os que atravessam momentos de penúria extrema e não deixam de externar um sorriso de felicidade e gratidão a Deus, enquanto outros vivem na abastança, porém envoltos numa nuvem de miséria moral e comiseração espiritual.
>
> A felicidade será atingida quando a Terra adentrar uma nova etapa evolutiva, que, tal como essa virtude, não será conquistada de fora para dentro, mas terá que nascer no imo da alma de cada um, como luz que resplandece a partir da sua origem e reflete ao seu redor sem nada pedir em troca.
>
> **(Capítulo: "Conquista da felicidade".)**

Realmente, há uma escalada no entendimento, nas qualidades e nos valores que nos propiciam a felicidade duradoura. Eles se alteram dos dotes físicos e da posse dos bens materiais para os tesouros morais e espirituais, à medida que nos conscientizamos sobre a grandeza de Deus e a finalidade da sua obra da criação.

O Pai eterno colocou em nosso mundo íntimo os dons e valores que devemos cultivar e acumular para que haja o nosso progresso verdadeiro e a conquista da felicidade imperecível. Cabe-nos caminhar nesse rumo.

- NÃO DEVEMOS BUSCAR A FELICIDADE NO PODER DE COMPETIÇÃO E NA ÂNSIA DE GANHAR O DINHEIRO PARA DESFRUTAR DO SUPÉRFLUO; MAS NO MODO ELEVADO DE VIDA QUE VALORIZA A ÉTICA E A MORAL E QUE FORTALECE AS RELAÇÕES AFETIVAS:

> A competitividade impulsiona os seres a sonhos desmedidos que vêm pulverizando a ética e a moral.
>
> O supérfluo está ganhando ares de necessidade, roubando a muitos as horas preciosas do convívio familiar, no qual poderiam ter fortalecido o campo emocional, a fim de descobrir que o poder aquisitivo não representa a felicidade real.
>
> **(Capítulo: "Dias melhores".)**

De fato, no convívio amoroso com os familiares e no relacionamento fraterno com os amigos encontramos o fortalecimento dos sentimentos, o engrandecimento das emoções e a valorização da ética e da moral que sustentam elevadas as nossas atitudes e ações, despertando a felicidade real.

Evidentemente, precisamos aprender a ganhar recursos financeiros com o trabalho honesto, gerenciar as conquistas e colocar o poder aquisitivo no seu devido lugar. Então, chegamos ao progresso real e à conquista da felicidade perene.

- NÃO É COM A ACUMULAÇÃO DOS BENS MATERIAIS QUE CONSEGUIMOS SER FELIZES; MAS SIM COM O CULTIVO DOS DONS DA ALMA:

> Se julgas que é necessário ter para ser feliz, estás condi-

> cionado a acreditar que és apenas esse corpo que te limita os sentidos.
>
> Enquanto admiras os que submetem outros em nome de um poder transitório, não te dás conta do que representa ser filho de Deus.
>
> Enquanto te convenceres de que o dinheiro abre todas as portas, não te empenharás em cultivar os dons imbatíveis da alma e permanecerás de espírito pobre.
>
> **(Capítulo: "É hora de despertar".)**

De fato, é uma falácia a filosofia popular que nos recomenda ganhar e ter bastante dinheiro e bens materiais para ostentar e ser feliz. Na vida real não faltam exemplos disso.

A felicidade que não se desvanece com os embates da vida não está no poder transitório propiciado com o ganho inconsequente do dinheiro, nem com a acumulação desvairada dos bens materiais, nem com a busca da bela aparência do corpo material. Está na grandeza da alma pelo cultivo das virtudes. É esse enriquecimento que a torna próspera e verdadeiramente feliz.

O Pai de sabedoria e amor leva em conta a imortalidade da alma e os tesouros imperecíveis para a vida espiritual. Por isso, colocou os dons e valores verdadeiros na alma imortal.

É desse modo que nada se perde do que a alma conquistou e acumulou em recursos e méritos verdadeiros.

- A FELICIDADE NÃO ESTÁ NOS VALORES AMOEDADOS E NAS POSIÇÕES SOCIAIS; MAS SIM NO ENCONTRO COM DEUS DECORRENTE DA POSSE DOS BENS ESPIRITUAIS:

> Faz parte do ser humano a busca constante da felicidade em todos os instantes da sua existência.

> Muitas vezes diante das ofertas que o mundo proporciona, ele acredita que os valores amoedados e as posições sociais de relevo vão lhe trazer tudo de que necessita para ser feliz.
>
> Como um ópio, as circunstâncias que o envolvem obscurecem-lhe a razão e passa a digladiar consigo mesmo para atingir patamares ainda mais altos, onde supostamente esteja a felicidade completa.
>
> A busca desenfreada pela felicidade o arrasta à agressividade ou à depressão e percebe, então, que apesar de ter tanto, nunca se sentiu tão infeliz, incompleto e sem nada.
>
> Se for bem aproveitado o instante de intervenção espiritual, pode lhe proporcionar um encontro com Deus e fazê-lo descobrir que nem é preciso ter tanto para ser feliz. Basta ter a si mesmo, a honra e a dignidade serão os seus maiores bens e com eles o amor sincero irá coroar de felicidade a sua existência.
>
> **(Capítulo: "Felicidade".)**

Realmente, somos educados apenas para o progresso intelectual e passamos a viver condicionados às promessas e ilusões criadas pelo dinheiro, poder, bens materiais e posições sociais. Então, nos iludimos que eles geram uma felicidade real.

Porém, com o passar do tempo descobrimos que as disputas desenfreadas para conquistá-los se convertem em ansiedade e depressão, quando não na morte prematura pelos desgastes físicos gerados pela ambição, ganância e espírito de competição.

Quando surgem os momentos aflitivos decorrentes da necessidade de ter e ostentar; as derrotas na competição agressiva e desleal para conseguir obter sempre mais; e o enfraquecimento e perecimento do corpo material, por não ter suportado tantas lutas, choques e agressões desmedidas, o sistema e crenças entram em falência.

Então, há o acentuado desgaste emocional, a amarga desilusão e a profunda decepção com a constatação de que as coisas materiais são fugidias demais e que a manutenção do status e da posição social artificial não propiciam uma felicidade real.

Geralmente, somente neste ponto crítico da vida decidimos pela busca de Deus, pelo cultivo da religiosidade e pela aceitação dos valores morais e espirituais.

Então, chegamos, seja na riqueza ou na pobreza, realmente a alcançar a paz e a felicidade duradouras. Estas aumentam sempre com o fortalecimento da nossa aliança com Deus e com a prática das virtudes em todas as circunstâncias da vida.

Com essa desmistificação da educação pautada apenas nos valores intelectuais e o fim das disputas acirradas para a conquista de sempre mais bens materiais com a intenção de ser feliz, chegamos, finalmente, a valorizar o convívio amoroso dentro do lar e o relacionamento fraterno no trabalho e na sociedade; a valorização das bênçãos da vida concedidas por Deus; e a satisfação na alma gerada pelas condutas honradas, dignas e benevolentes.

Somente então descobrimos onde sempre esteve realmente o progresso e a felicidade verdadeira.

- A FELICIDADE IMPERECÍVEL SURGE COM A PAZ NA CONSCIÊNCIA PELA PRÁTICA DO BEM E A ACUMULAÇÃO DOS VALORES INTELECTUAIS, MORAIS E ESPIRITUAIS QUE ACOMPANHAM A ALMA APÓS A SUA PARTIDA DA VIDA FÍSICA:

> Como tantos, estás te afastando dos valores reais, aqueles que permanecerão contigo, mesmo após a despedida da vida física.
>
> Não queiras fazer parte desse quadro. Uma consciência

isenta de culpa não pode ser comparada a qualquer posição ou fortuna adquirida sem merecimento.

Quando te sentires lesado, vitimado pelas dificuldades ou humilhado pela prepotência, descansa a alma na sinceridade de uma prece e percebe o toque invisível do bem a proteger-te os passos.

O bem pode ser invisível, mas jamais deixa de acontecer.

Não temas, segue adiante, o bem caminha contigo.

(Capítulo: "O bem invisível".)

Está evidente que o caminho da acumulação dos valores espirituais e morais e da prática do bem é seguro para gerar o progresso e nos levar a um destino feliz.

Nesse caminho do entesouramento dos bens reais e imperecíveis, fortalecemos e engrandecemos sempre a alma, preparando-a inclusive para a sua jornada evolutiva que segue além da vida terrena.

Por isso, jamais devemos nos condicionar ao materialismo. Devemos concentrar nossos esforços para progredir vencendo provas, lutas, tropeços e constrangimentos; priorizar os tesouros que nos aliam a Deus; e realizar as boas obras que falam por nós, mantêm a nossa consciência em paz e geram a felicidade imperecível, onde quer que estejamos.

34

LIÇÕES DO ESPÍRITO MEIMEI SOBRE A FELICIDADE

O ESPÍRITO MEIMEI ESCREVEU, através da mediunidade de Chico Xavier, três lições que reforçam o nosso conhecimento sobre providências para conquistar a felicidade:

- ANTE AS TRIBULAÇÕES, CONSEGUIMOS PRESERVAR A FELICIDADE SE CONCENTRARMOS A ATENÇÃO NA FACE RISONHA DA VIDA E SE ALIMENTARMOS A ALEGRIA:

> Ainda mesmo que tudo pareça conspirar contra a felicidade que esperas, ergue os olhos para a face risonha da vida que te rodeia e alimenta a alegria por onde passes.
>
> **(Da mensagem "Alegria", livro *Ideal espírita*, CEC.)**

Sem dúvida, devemos levar a vida com coragem, otimismo, esperança e alegria. Deus nos concedeu tantas bênçãos na Natureza que devemos desfrutá-las.

Trabalhando honestamente, conseguimos enfrentar os percalços que surgem, vendo-os como oportunidades de aprimoramento no uso das faculdades e de promovermos a ascensão intelectual e moral.

- ENCONTRAMOS A FELICIDADE VERDADEIRA MANTENDO A SIMPLICIDADE NO MODO DE VIDA:

> A verdadeira felicidade é simples no pedir e no realizar-se.
> (*Dicionário da alma*, **FEB.**)

A simplicidade poupa-nos de muitas exigências. A complicação no estilo de vida decorre da insatisfação crônica e desgastante, que voluntariamente adotamos.

Por isso, buscando um modo simples de cumprir os deveres no lar, no trabalho e no estudo, ocupamos o nosso tempo de forma útil e agradável, tornando descontraído e feliz o convívio e o relacionamento com os familiares e amigos.

Descomplicar a vida é o jeito saudável de pouparmos tempo e recursos, direcionando-os para o lazer, o cultivo dos esportes e das artes e, principalmente, a preservação do bem-estar.

- CONSTRUINDO A FELICIDADE DO PRÓXIMO, DESCOBRIMOS A FONTE DA PRÓPRIA ALEGRIA E FELICIDADE:

> Prossegue agindo e construindo a felicidade do próximo, porquanto erguer a felicidade alheia será descerrar no coração a fonte de nossas próprias alegrias.
> (*Canteiro de ideias*, **IDEAL.**)

Pensar e agir em benefício do bem-estar do próximo cria um clima de satisfação em todo ambiente que frequentamos. Assim despertamos a alegria, que se irradia no ambiente e energiza a nossa própria alma.

Com o espírito de fraternidade acabamos com o egocentrismo. Então, agimos para que a felicidade seja comum a todos os que nos cercam, aumentando a nossa própria felicidade.

35 PROVIDÊNCIAS INADIÁVEIS PARA A CONQUISTA DO PROGRESSO VERDADEIRO E DA FELICIDADE DURADOURA

Percorremos as valiosas lições do espiritismo que nos ampliam o entendimento sobre Deus e o contexto grandioso em que estamos inseridos na obra da Criação.

Com isso, conscientizamo-nos acerca das missões, provas ou expiações que temos que cumprir nesta jornada evolutiva, para conquistarmos, paulatinamente, a perfeição intelectual, moral e espiritual que nos permite desfrutar da felicidade imperecível onde quer que estejamos.

As lições do espiritismo sobre a felicidade são valiosíssimas, como vimos anteriormente. Por isso, devem ser assimiladas e praticadas com dedicação e paciência, ligando-nos a Deus e nos colocando em consonância com as Suas leis.

Então, assumimos os trabalhos e as responsabilidades que nos cabem para adquirir qualidades nobres e características virtuosas; estruturar bem as condições da existência para crescer em sabedoria e amor; vivenciar um estilo de vida digno e elevado para fazer a nossa parte no campo das boas ações; e agir corretamente em todas as circunstâncias, progredindo e semeando o bem-estar sem cessar para conquistar os méritos de habitar mundos cada vez melhores.

É assim que colhemos e desfrutamos do sucesso, equilíbrio íntimo, saúde, bem-estar, alegria e felicidade.

No estágio evolutivo modesto em que ainda nos encontramos na vida imortal da alma, os desafios, tarefas, missões, provas, lutas e dificuldades não cessam de aparecer. Porém, com os conhecimentos e as práticas espíritas já conseguimos manter condutas adequadas em todos os campos da vida, vislumbrando conquistas e melhorias que vão garantir méritos e melhores condições de vida no porvir.

Para isso, precisamos cuidar de modo permanente das seguintes providências consideradas inadiáveis para obtermos o almejado progresso, sucesso e felicidade:

TER SEMPRE DEUS NO CORAÇÃO

Aprendemos com Jesus e com as lições do espiritismo que precisamos realmente colocar Deus acima de todas as coisas, por ser o Criador, o Pai de tudo o que existe.

Então, em nossa caminhada evolutiva, estamos sempre aliados ao Pai sábio, amoroso, justo e misericordioso que tudo faz em benefício e para o bem de seus filhos, visando que cheguem à perfeição espiritual.

Desse modo, ao cumprirmos as Suas leis, valorizamos e desfrutamos na plenitude das Suas bênçãos que nunca faltam.

Ao desenvolvermos a religiosidade, fortalecemos a fé e recorremos à oração, sentindo a presença de Deus nos amparando em toda parte, o que nos dá coragem e esperança nas lutas evolutivas.

Com o trabalho incessante no campo do bem para a glória de Deus, como nos ensinou Jesus, valorizamos as concessões divinas, praticamos as virtudes e realizamos as boas obras que beneficiam a nós mesmos e ao próximo. Então, a felicidade se faz presente.

Além disso, aceleramos o crescimento intelectual e moral, que nos permite colher os frutos doces das boas semeaduras que fazemos.

A doutrina espírita, essencialmente cristã, nos guia e fortalece no conhecimento das verdades religiosas, espirituais e morais. Mas, não nos isenta de fazer a nossa parte praticando as virtudes e atendendo os nossos deveres perante Deus, o próximo e a nós mesmos.

Então, em função da nossa identificação com Deus facilitamos o cumprimento da jornada evolutiva, reunindo os recursos e méritos necessários a desfrutarmos das boas condições de vida, no presente e no porvir.

PROMOVER A AUTOEDUCAÇÃO INCESSANTEMENTE

Temos por dever moral cuidar da nossa educação integral. Essa é uma questão de bom-senso para chegarmos ao progresso e à felicidade verdadeira.

Cuidamos da autoeducação, esforçando-nos em acumular conhecimentos, instruções, experiências, habilidades e virtudes que nos permitem usar bem as faculdades e engrandecer a qualidade de vida.

A nossa educação integral abrange a:

- *EDUCAÇÃO MENTAL*, que fortalece os recursos da mente; dilata a consciência; disciplina a vontade; apura a razão; e leva ao bom uso do livre-arbítrio e das demais faculdades. É assim que acumulamos na memória boas realizações, obtendo uma satisfação permanente. Ao educarmos as potências mentais, conseguimos administrar bem todos os recursos e bênçãos que contamos para viver. Então, com a mente elevada, lúcida e sadia agimos sempre adequadamente no cumprimento das leis, e fazemos bom aproveitamento das oportunidades que nos são oferecidas para progredirmos na existência.

- *EDUCAÇÃO INTELECTUAL*, que amplia o saber e aprimora o uso da inteligência. Conseguimos isso recorrendo às escolas, livros, professores, instrutores, bons exemplos dos mestres, lições dos educadores e estudos das ciências e artes. É assim que, paulatinamente, vamos alcançando a sabedoria, valores intelectuais, técnicas e experiências de vida. Então, a cada novo dia, com os conhecimentos ampliados em todos os campos da vida, nos sentimos preparados a tomar decisões sábias e realizar as ações nobres que nos garantem a elevação nas condições de vida.
- *EDUCAÇÃO EMOCIONAL*, que nos propicia exteriorizar serenidade, calma, paciência e resignação, principalmente ante as lutas, dores e tribulações da vida. Com as emoções sob controle, notadamente nos momentos difíceis, conseguimos manter boa convivência e bom relacionamento com as pessoas que nos cercam, evitando a insatisfação, o descontrole íntimo, a revolta, a ira, a cólera e a violência. Então, encaramos as missões e vencemos as provas com domínio sobre nós mesmos e com alegria. Com um grande amadurecimento emocional conseguimos agir no sentido de prosperar sempre com segurança e espírito feliz.
- *EDUCAÇÃO DOS SENTIMENTOS*, para alicerçá-los no amor. Os sentimentos amorosos têm o poder de elevar as nossas relações com Deus e os semelhantes. Assim, melhoramos o nosso modo de vida. Com os bons sentimentos, vigiamos os pensamentos e empregamos as faculdades, palavras e ações para beneficiar a nós mesmos e ao próximo. Com isso, colocamos a lei de causa e efeito a nosso favor, o que nos permite colher os doces frutos que cultivamos na vida.
- *EDUCAÇÃO DA SEXUALIDADE*, que nos permite cumprir a lei da reprodução com nobreza espiritual, isto é, empregar a sexualidade com responsabilidade e equilíbrio nas energias genésicas.

Dessa forma, obtemos o controle sobre os impulsos instintivos do sexo; condutas sexuais elevadas perante o parceiro; emprego da sexualidade com dignidade, respeito, disciplina e nobreza moral. Assim, sentimo-nos habilitados ao matrimônio, à constituição de família bem estruturada e ao cumprimento da grandiosa missão da paternidade ou da maternidade, por oferecer condições adequadas de vida para o espírito que reencarna em nosso reduto doméstico para evoluir.

- *EDUCAÇÃO MORAL,* que engrandece e fortalece o juízo e o senso moral. A evangelização é o caminho seguro para a moralização. Ela dilata o nosso entendimento sobre Deus, as verdades espirituais e os valores morais que regem as nossas relações com o Ser Supremo e o próximo. Com a consciência moral dilatada, esforçamo-nos em praticar bons hábitos, o bem e as virtudes. Então, concretizamos as boas obras que beneficiam os seres que nos cercam e nos tornam felizes. Ao espalharmos a felicidade, fugimos da solidão e contamos com a simpatia e o apoio dos familiares, amigos e até mesmo dos inimigos. Por isso, a nossa educação moral deve ser equiparada à educação intelectual. Então, crescemos, ao mesmo tempo, em amor e sabedoria, habilitando-nos ao progresso e à felicidade duradoura.

PERSEVERAR NO TRABALHO HONESTO

O trabalho honesto é a principal fonte do progresso consistente e da felicidade que dura para sempre. Por isso, devemos perseverar nas boas realizações, exercitando a honestidade e a responsabilidade. Seguindo esse caminho seguro chegamos infalivelmente ao sucesso e ao bem-estar permanente.

Com a dedicação ao trabalho, crescemos em profissionalização, qualificação, capacitação e especialização profissional. Ao mesmo tempo, aprimoramos o uso das faculdades, habilidades e qualidades exigidas nas operações; produzimos os bens, produtos e serviços que melhoram as condições de vida próprias e das pessoas que nos cercam; beneficiamos a nós mesmos, os familiares e os fornecedores de bens com os recursos financeiros que adquirimos honestamente; e acumulamos as riquezas materiais que estruturam a nossa vida e nos permitem desfrutar com satisfação dos confortos materiais.

Além disso, o trabalho honesto garante a melhoria constante da ordem social. Ele concorre para a edificação de uma sociedade cada vez mais próspera, justa, previdente e fraterna, segundo as leis de Deus.

GERENCIAR BEM AS QUESTÕES FINANCEIRAS

O dinheiro decorrente do trabalho honesto deve ser administrado e aplicado com prudência e sabedoria. Só assim garantimos o suprimento adequado das necessidades materiais; estruturamos bem a vida pessoal e a da família; e construímos um patrimônio sólido que nos permite desfrutar das condições dignas de vida, inclusive após a aposentadoria.

Dessa forma, a boa administração financeira tem um peso grande na nossa vida individual, familiar, empresarial e social.

Ao gerenciarmos bem as finanças, consumimos sem desperdício; formamos a poupança para os gastos de emergência; financiamos empreendimentos com cautela e segurança; avaliamos cuidadosamente quaisquer riscos envolvidos nos negócios; constituímos um patrimônio que nos permite amenizar os momentos difíceis de provas, suportar bem as crises e contornar as surpresas do mundo sócio, político e econômico.

Em outras palavras, nosso progresso e nossa felicidade dependem da boa administração que fazemos dos recursos financeiros obtidos com o trabalho honesto. Isso porque empregamos com sensatez e previdência os ganhos; preservamos as fontes de rendas; moderamos nos gastos por impulso; eliminamos os custos dos vícios, pois são maléficos a longo prazo; controlamos as despesas em supérfluos; pomos fim aos desperdícios; operamos com endividamento mínimo; formamos uma poupança para os imprevistos; constituímos um patrimônio sólido que nos dá segurança e estabilidade; programamos os gastos futuros de forma cuidadosa; e calculamos com exatidão os retornos de cada investimento para prosperar.

Assim, sem qualquer dúvida, preservamos, de modo permanente, a satisfação íntima e o bem-estar.

VIGIAR INCESSANTEMENTE OS SENTIMENTOS, EMOÇÕES, PENSAMENTOS, PALAVRAS, ATITUDES E AÇÕES

A vigilância permanente sobre nós mesmos é indispensável para encararmos bem a complexidade da vida em família, na vida profissional e em sociedade. Então, aprimoramos a convivência e o relacionamento com os semelhantes, melhoramos as condições de vida própria e dos que nos cercam e edificamos uma felicidade sem abalos constantes.

Essa vigilância torna-se ainda mais importante, ao atuarmos no ambiente doméstico. É a partir dele que revelamos quem realmente somos, principalmente pelas relações amorosas que mantemos com os entes queridos. A partir daí, conseguimos agir de modo elevado em qualquer lugar, beneficiando os semelhantes e a sociedade.

Quando a nossa alma está fortalecida pela prática das virtudes ensinadas e exemplificadas por Jesus, exteriorizamos atitudes e ações elevadas, garantindo uma convivência amorosa e saudável com todos. Assim, estreitamos os laços fraternos e afetivos e fortalecemos as afinidades espirituais, que são imperecíveis.

Com a prática das lições e dos exemplos contidos no Evangelho, exteriorizamos amor, bondade, justiça, gratidão, sabedoria, cooperação espontânea, amparo mútuo, respeito recíproco, fraternidade verdadeira, amizade sincera e perdão das ofensas recebidas. Então, colhemos os frutos da valorização das bênçãos materiais e espirituais.

Portanto, no contexto evolutivo, cabe-nos manter os sentimentos amorosos, as emoções controladas, os pensamentos elevados, as palavras gentis, as atitudes nobres e as ações construtivas.

Então, a partir disso, garantimos, inevitavelmente, o progresso, a harmonia, a paz, a alegria e a felicidade perene.

ADOTAR SEMPRE MEDIDAS PROFILÁTICAS PARA A PRESERVAÇÃO DA SAÚDE

O bem-estar, a alegria e a felicidade estão diretamente relacionados com a saúde na alma, no perispírito e no corpo material.

As seguintes medidas profiláticas nos ajudam a manter a saúde e as boas condições de vida, inclusive na terceira idade: estar em permanente contato com as coisas elevadas que enobrecem a alma; cultivar a religião, as ciências e as artes para ter ocupações sadias; manter as emoções sob controle para preservar o sistema imunológico; sustentar os bons sentimentos para viver ligado a Deus, aos bons espíritos e aos entes queridos; preservar os pensamentos elevados para construir o bem; cultivar a alimentação correta, para garantir o bom funcionamento dos órgãos; realizar tarefas que exteriorizam a nobreza intelectual, moral e espiritual; gostar de estudos e leituras que aprimoram as qualidades da alma; adquirir bons hábitos para ter uma vida saudável; empregar bem as faculdades em todas as oportunidades para prosperar com segurança; valorizar as ações fraternas que beneficiam o próximo e o tornam feliz, para sentir as boas repercussões disso; agir sempre com sabedoria, bom-senso, prudência, cautela, vigilância, fé, oração, amor e justiça para engrandecer cada vez mais as condições de vida.

MANTER A CONSCIÊNCIA EM PAZ

A consciência é a guardiã das possibilidades da mente, que nos foi concedida por Deus. Ela nos vigia de modo discreto em tudo o que sentimos, pensamos, falamos e fazemos. Ela está sempre conversando mentalmente conosco para nos guiar para o bem, mas respeitando a nossa vontade, o nosso livre-arbítrio e a nossa maneira de agir.

A sua tarefa de nos guiar para o bom caminho, quando atendida por nós mesmos, nos leva ao progresso e à felicidade.

Por isso, jamais devemos nos desviar da prática do bem. Caso contrário, a consciência se revolta contra nós, gerando distúrbios mentais, psicológicos e físicos. Então, caímos na reflexão, pressionados pelas más consequências, o que nos leva ao arrependimento e à regeneração.

Graças ao seu lado moral, a consciência nos estimula a cumprir espontaneamente os trabalhos nobres, deveres e obrigações, ampliando a honestidade e a responsabilidade.

É assim que a consciência moral nos induz a agir sempre com nobreza moral perante os semelhantes; adquirir a maturidade intelectual, moral e espiritual com o cumprimento das missões, provas e lutas evolutivas; suportando bem as tribulações, decepções, problemas, dores e acontecimentos constrangedores, pois exercitam o emprego das faculdades; e praticar incessantemente os atos virtuosos que nos levam inevitavelmente ao sucesso, progresso e bem-estar permanente.

Graças ao esforço para equiparar o progresso moral ao progresso intelectual, a voz da nossa consciência fala cada vez mais alto. Então, tornamos permanente o bem-estar, porque evitamos as providências que causam desequilíbrios íntimos; as revisões desagradáveis da memória; a recordação insistente dos erros cometidos; e as lembranças amargas dos deslizes praticados. Não sentindo culpa, arrependimento, remorso, necessidade de reparação e esforço para a volta ao caminho do bem, mantemos a consciência em paz, que garante o bem-estar e a felicidade sem fim.

ESTRUTURAR DESDE A INFÂNCIA AS BOAS CONDIÇÕES DE VIDA, ANTEVENDO A VELHICE QUE VAI CHEGAR

O progresso real e a felicidade imperecível decorrem principalmente da prática do bem, visando tornar o próximo feliz.

É por isso que aprendemos com Jesus e o espiritismo a cultivar e praticar as virtudes, alicerçando a nossa vida na educação integral e na realização das boas obras que beneficiam o próximo e tornam melhor a vida pessoal, familiar e em sociedade.

Fazendo isso desde a infância, vemos a velhice chegar com prosperidade, saúde e satisfação na alma. Além disso, desfrutamos sempre das companhias agradáveis dos familiares e amigos, desconhecendo os males do egoísmo e da solidão.

Então, ao chegarmos na terceira idade usufruímos com méritos da recompensa do trabalho honesto; da prática do bem por termos sido sempre úteis ao próximo; da manutenção das atividades nobres que nos permitiram acumular valores e tesouros que denotam elevação intelectual, moral e espiritual.

Portanto, com a alma educada e voltada para a verdadeira nobreza, garantimos para sempre a prosperidade, paz de consciência, bem-estar e felicidade.

PALAVRAS FINAIS

Eis aí um resumo final das providências que jamais devemos adiar. Só assim, desfrutamos do progresso verdadeiro e da felicidade que não se extingue com o passar do tempo, mesmo enfrentando provas, dificuldades, males e dores no cotidiano ou estando de volta à vida espiritual.

Não há outro caminho seguro a seguir, a não ser o do esclarecimento e do desapego ao brilho falso das coisas materiais transitórias, as quais resultam, no final, em decepção e em estouro da bolha de sabão.

Esforçando em manter a mente lúcida no entendimento e na observância do contexto grandioso em que estamos inseridos na obra de Deus, seguimos o caminho seguro que nos aprimora, desenvolve e leva infalivelmente às bem-aventuranças.

Portanto, temos que valorizar sempre as bênçãos concedidas por Deus, cumprindo as Suas leis, vontades e desígnios e fazer a nossa parte no dia a dia, realizando as boas obras, pois somos o artífice de nosso próprio destino feliz.

Assim, onde quer que estejamos desfrutamos do progresso verdadeiro e da felicidade imperecível, que tanto almejamos.

BIBLIOGRAFIA 36

BARBOSA, Severino. *Viva bem, sem depressão.* 2ª ed. Capivari, Editora EME, 2012.

BUENO, Eulália. Maria do Rosário Del Pilar (espírito). *A conquista da felicidade.* 2ª ed. Capivari, Editora EME, 2011.

COMINATTO, Lúcia. Irmã Maria do Rosário (espírito). *Felicidade é algo que se aprende.* 1ª ed. Capivari, Editora EME, 2013.

DENIS, Léon. *Depois da morte.* Parte Quinta. 12ª ed. FEB, 1983.

______________. *O problema do ser, do destino e da dor.* 9ª ed. FEB, 1975.

FRANCO, Divaldo Pereira. Joanna de Ângelis (espírito). *Dimensões da verdade.* 3ª ed. Livraria Espírita Alvorada Editora, 1989.

Kardec, Allan. *A Gênese.* São Paulo, 17ª ed. LAKE, 1994.

______________. *O Evangelho segundo o Espiritismo.* 1ª ed. Capivari, Editora EME, 2000.

______________. *O Livro dos Espíritos.* 1ª ed. Capivari, Editora EME, 2001.

______________. *Revista Espírita – Jornal de Estudos Psicológicos.* Vol. 1858, dez., "A bela cordoeira". São Paulo, Edicel, 1985.

______________. *Revista Espírita – Jornal de Estudos Psicológicos.* Vol. 1860, mar., "Felicidade". São Paulo, Edicel, 1985.

______________. *Revista Espírita – Jornal de Estudos Psicológicos*. Vol. 1862, mar., "Instrução moral". São Paulo, Edicel, 1985.

______________. *Revista Espírita – Jornal de Estudos Psicológicos*. Vol. 1865, mar., "Onde é o céu?". São Paulo, Edicel, 1985.

______________. *Revista Espírita – Jornal de Estudos Psicológicos*. Vol. 1862, jun., "O espiritismo filosófico". São Paulo, Edicel, 1985.

______________. *Revista Espírita – Jornal de Estudos Psicológicos*. Vol. 1866, out., "Os tempos são chegados". São Paulo, Edicel, 1985.

Pinheiro, Donizete. *Um olhar sobre a honestidade*. 1ª ed. Capivari, Editora EME, 2010.

Santos Filho, Jamiro dos. *A fórmula da felicidade*. 1ª ed. Capivari, Editora EME, 2011.

Schubert, Suely Caldas. *Os poderes da mente*. 1ª ed. São Paulo, Editora Bezerra de Menezes, 2004.

Xavier, Francisco Cândido. André Luiz (espírito). *Agenda cristã*. 27ª ed. FEB, 1989.

______________. *Nosso lar*. 37ª ed. FEB. 1989.

______________. *Respostas da vida*. 2ª ed. IDEAL, 1975.

______________. *Sinal verde*. 4ª ed. CEC, 1974.

Xavier, Francisco Cândido. Batuíra (espírito). *Mais luz*. 1ª ed. GEEM, 1970.

Xavier, Francisco Cândido. Emmanuel (espírito). *Caminho, verdade e vida*. 14ª ed. FEB, 1989.

______________. *Palavras de vida eterna*. 9ª ed. CEC, 1966.

______________. *Religião dos espíritos*. 7ª ed. FEB, 1988.

Xavier, Francisco Cândido. Espíritos diversos. *Dicionário da alma*. 3ª ed. FEB, 1990.

______________. *Paz e renovação*. 2ª ed. IDE, 1983.

______________. *Tempo de luz*. 1ª ed. IDE, 1989.